Gunnar Drucklieb
Fröhlich durch das Leben scheitern
1. Auflage

Gunnar Drucklieb

Fröhlich durch das Leben scheitern

Die Kunst des spirituellen Kriegers

Bewußtseins Entwicklung

FSC
www.fsc.org
MIX
Papier aus ver-
antwortungsvollen
Quellen
Paper from
responsible sources
FSC® C105338

Verlag: BoD · Books on Demand GmbH, Überseering 33,
22297 Hamburg, bod@bod.de
Druck: Libri Plureos GmbH, Friedensallee 273, 22763 Hamburg
ISBN: 978-3-8192-2745-5

Der wahre Krieger kämpft nicht

gegen einen Feind,

sondern gegen die Dunkelheit

innerhalb seines eigenen Herzens.

Nur durch die Befreiung

von innerem Schmerz

kann er den Frieden

in der Welt fördern.

Vorwort

Wenn ich in meinem Buch von „Kriegern" spreche, möchte ich betonen, dass ich damit keine spezifische Geschlechtsidentität meine. Der Begriff des Kriegers steht hier symbolisch für eine innere Haltung – eine Stärke, die sich aus Mut, Mitgefühl und der tiefen Verbindung zu sich selbst und der Welt nährt. Diese Haltung ist unabhängig von Geschlecht oder Identität und gehört allen, die sich auf den Weg machen, ihr inneres Potenzial zu entdecken und sich den Herausforderungen des Lebens mit einem offenen Herzen und einem klaren Geist zu stellen. Ich lade daher ausdrücklich alle ein – Frauen, Männer und Menschen, die sich jenseits dieser Kategorien sehen, in diesen Texten ihren eigenen Krieger zu erkennen. Denn diese Reise ist universell.

Manchmal gibt es diese stillen Momente, in denen wir tief in uns hineinhorchen und spüren, dass da etwas Größeres ist. Eine Sehnsucht, die uns antreibt, die uns ruft, immer wieder, auch wenn wir sie manchmal nur ganz leise wahrnehmen. Sie führt uns durch Freude und Schmerz, durch Zweifel und Hoffnung, immer auf der Suche nach Bedeutung, nach einem tieferen Sinn, nach dem Frieden, den wir uns alle so sehr wünschen. Genau in dieser Sehnsucht wohnt der spirituelle Krieger. Er ist kein Kämpfer im herkömmlichen Sinne, kein Held auf dem Schlachtfeld, sondern ein Symbol für unsere eigene innere Reise. Eine Reise zu uns selbst, zu unserer Wahrheit, zu dem, was uns wirklich ausmacht.

Dieses Buch ist mein Weg, dich auf dieser Reise zu begleiten. Es ist mehr als nur eine Sammlung von Gedanken oder Konzepten, es ist eine Einladung, gemeinsam mit mir die Tiefen unserer menschlichen Erfahrung zu erkunden. Wir alle sind Krieger, jeder auf seine Weise, und jeder von uns kämpft mit eigenen Schatten, Ängsten und Zweifeln. Doch der wahre Krieger weiß, dass es nicht darum geht, diese Kämpfe zu gewinnen, sondern sie zu verstehen. Er trägt keine Rüstung aus Stahl, sondern aus Erfahrung, Mitgefühl und Mut. Sein Schwert ist die Erkenntnis, seine stärkste Waffe die Bereitschaft, sich selbst wahrhaftig zu begegnen.

Auf dem Weg des Kriegers lernen wir, dass Scheitern kein Feind ist, sondern ein Lehrer. Es zeigt uns, wo wir wachsen dürfen, wo wir noch mutiger werden müssen. Und was ist mit dem Erfolg? Er ist nicht das Ziel. Er ist ein Moment des Erkennens, ein Augenblick, in dem wir spüren, dass wir ein Stück näher an uns selbst herangekommen sind. Jeder Rückschlag, jede Herausforderung ist eine Gelegenheit, mehr über uns zu erfahren und weiterzugehen. Es geht nicht darum, perfekt zu sein, sondern authentisch. Der Krieger weiß, dass wahre Stärke darin liegt, immer wieder aufzustehen und den nächsten Schritt zu tun – egal, wie schwer der letzte war.

In den folgenden Seiten lade ich dich ein, diese Philosophie des spirituellen Kriegers mit mir zu erkunden, zu kosten und auch zu verdauen. Es ist eine Reise der Selbsterkenntnis, des Loslassens und der Erneuerung. Wir werden uns mit der Kraft der Intuition beschäftigen, mit der Kunst des Loslassens, mit der Bedeutung für das Innen und des Außen oder auch mit einem speziellen Medizinrad, dem Kriegerrad. Mein Wunsch ist es, dass du, egal wo du gerade auf deiner eigenen Reise stehst, durch dieses Buch ermutigt wirst, tiefer in dich hineinzuhorchen, deine eigene innere Wahrheit zu entdecken und zu leben.Der Weg des spirituellen Kriegers endet nie. Es gibt immer ein neues Kapitel, eine neue Herausforderung, eine neue Lektion. Doch in jedem dieser Momente liegt die Chance, zu wachsen, zu lernen und uns noch mehr mit uns selbst zu verbinden. Das ist der Weg der Transformation, der uns nicht nur verändert, sondern auch die Welt um uns herum.

Dieses Buch soll dir, liebe LeserInnen, ein Licht sein, wenn du dich im Dunkeln suchst, ein Kompass auf deiner Reise brauchst und einen Spiegel, in dem du deine tiefsten Wahrheiten erkennst. Der Pfad des spirituellen Kriegers ist nicht leicht, aber er ist es wert, für uns selbst und für die Menschen, die wir lieben.Mit diesem Buch hoffe ich, dich zu inspirieren, den Mut zu finden, deine eigene Reise fortzusetzen, dein Herz zu öffnen und deine Seele sprechen zu lassen. Es ist meine Einladung an dich, diesen Weg mit mir zu gehen.

Ahoo!

Inhaltsverzeichnis

Einleitung

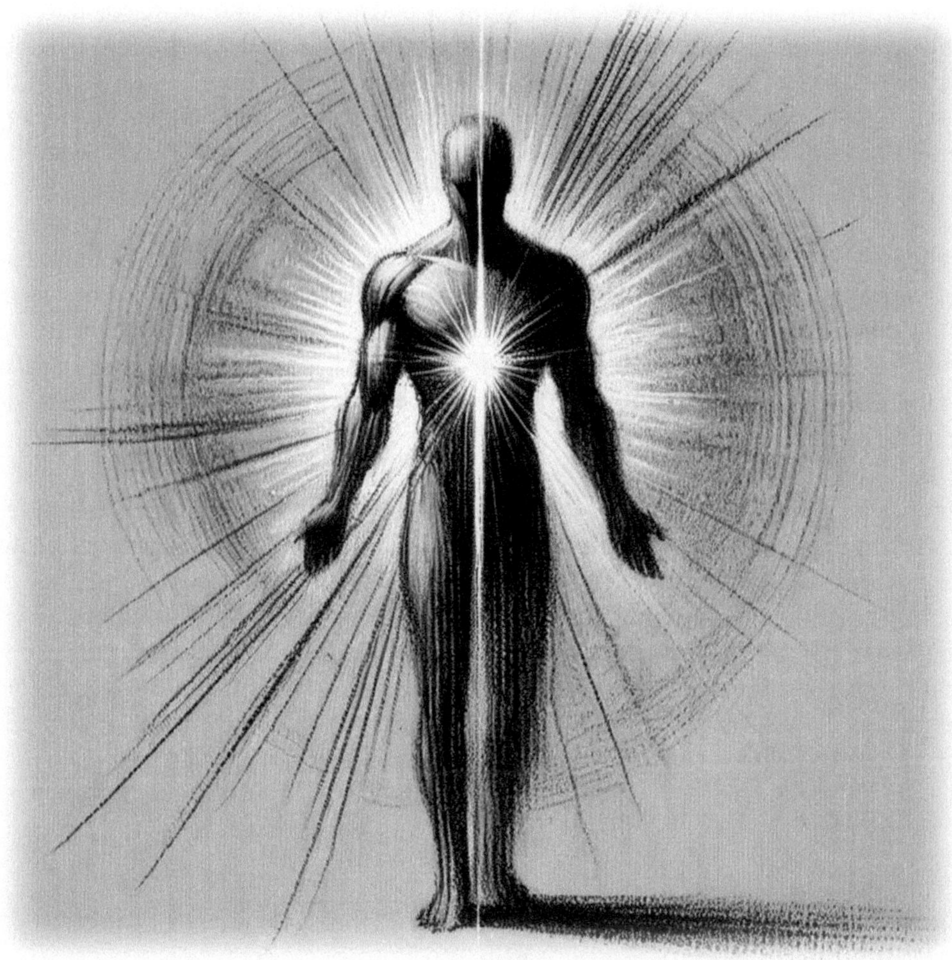

"Der wahre Krieger kämpft nicht gegen den Feind, sondern gegen die Dunkelheit innerhalb seines eigenen Herzens. Nur durch die Befreiung von innerem Schmerz kann er den Frieden in der Welt fördern."

Der spirituelle Krieger

Stell dir vor, du bist ein Krieger, aber deine Schlachtfelder sind nicht aus Blut und Stahl geschmiedet, sondern aus deinen eigenen Gedanken und Gefühlen. Ein spiritueller Krieger ist also kein gewöhnlicher Soldat. Er ist ein Abenteurer, der in die tiefsten Tiefen seiner Seele eintaucht, um seine wahre Identität zu entdecken. Seine Waffen sind nicht Schwerter und Äxte, sondern Integrität, Achtsamkeit, Mitgefühl und die unerschütterliche Suche nach innerem Frieden.

Stell dir weiter vor, du stehst morgens auf, spürst die ersten Strahlen der Sonne auf deiner Haut und weißt tief in dir, dass heute nicht einfach nur ein weiterer Tag ist. Es ist mehr, es ist ein neuer Schritt auf deiner Reise, der Reise eines spirituellen Kriegers. Ein Krieger, der nicht mit Schwertern kämpft, sondern mit innerer Stärke, Klarheit und Mut. Du suchst nicht nach äußeren Schlachten, sondern nach der Wahrheit in dir selbst.

Wenn man also dieser Passion folgt, nicht nach den Regeln anderer lebt, sondern ethischen und spirituellen Prinzipien folgt, die einen selbst auf den Pfad der besten Version von sich selber führt. Der Weg des Kriegers ist deshalb mehr als nur ein Kampf, er ist eine leidenschaftliche Suche nach Wachstum, die Überwindung von Ängsten und inneren Blockaden, das Entdecken deiner wahren Bestimmung. Jeder Schritt auf diesem Weg erfordert Mut, Disziplin und das Vertrauen, dass du dich selbst und die Welt um dich herum immer wieder in Frage stellen darfst und oder gar musst. Transformation ist dein ständiger Begleiter.

Wo findest du deinen Spiegel?

Wenn wir an spirituelle Krieger denken, tauchen unweigerlich Bilder auf, z.B. von einem Samurai, der in der Morgendämmerung durch stille Tempelgärten schreitet, oder von Schamanen, die am knisternden Lagerfeuer Visionen suchen. Diese Helden, diese Vorbilder, finden wir in vielen Kulturen, und jede erzählt ihre eigene, faszinierende Geschichte.

Lass uns zuerst nach Japan blicken. Dort lebten die Samurai nach dem **Bushido**, dem Weg des Kriegers. Ehre, Respekt, Loyalität – das waren nicht nur Worte für sie, sondern der Lebensweg.
Stell dir vor, du bist ein Samurai, der in der stillen Kühle des Morgens sein Schwert schärft, nicht für den Kampf, sondern als Symbol der inneren Disziplin. Während du trainierst, spürst du die tiefe Verbindung mit der Natur, mit der Essenz deines Seins. Der wahre Kampf findet in dir statt – das Streben nach innerer und äußerer Perfektion, nach Harmonie zwischen Körper, Geist und Seele.

In den indigenen Kulturen Amerikas war der Krieger oft auch ein Heiler, ein spiritueller Führer. Er konnte durch Rituale und Visionen Weisheit und Heilung erlangen, nicht nur für sich selbst, sondern für seine Gemeinschaft. **Der Krieger-Schamane** verstand, dass wahre Stärke aus der Verbindung mit der spirituellen Welt und der Natur stammt. Den früheren Menschen wurde es z.B. oft am Lagerfeuer bewusst. Das Flackern des Feuers spiegelt sich in den Gesichtern der Menschen um dich herum wieder und der Schamane erzählt Geschichten. Nicht nur mit Worten, sondern mit einer Energie, die die Luft erfüllt und dich tief in deinem Innersten berührt. Plötzlich begreifst du: Die spirituelle Welt ist hier, überall, in jedem Atemzug, in jedem Moment.

Deine Schatten umarmen

In der westlichen Psychologie begegnet uns der spirituelle Krieger oft in den Lehren von Carl Gustav Jung, der das Konzept des „Schatten" prägte, jene verdrängten und ungeliebten Seiten unserer selbst, die wir gerne meiden. Hier tritt der Krieger auf den Plan, denn er weiß, dass die wichtigste Schlacht im Inneren stattfindet, indem er diesen Schatten mutig und bewusst begegnet. Für ihn ist diese Auseinandersetzung nicht beängstigend, sondern eine befreiende Reise zur Ganzheit und Heilung.

Wenn du in den Spiegel schaust, siehst du nicht nur dein Äußeres, sondern auch all die Ängste und Zweifel, die in dir lauern. Mit der inneren Kriegereinstellung drehst du dich nicht weg. Du blickst tief hinein, nimmst an was da ist, und erkennst: Diese Schatten sind Teile von mir, die gehört und geheilt werden wollen. Es ist wie das Betreten eines dunklen Waldes, in dem du langsam merkst, dass das Licht immer da war und du musstest nur den Mut haben, es zu sehen.

Dein Weg, deine Geschichte

Schauen wir uns einige verschiedene Traditionen des spirituellen Kriegers an:

Bushido: In Japan waren die Samurai nicht nur Kämpfer, sondern lebten nach einem Kodex, der Ehre, Loyalität und Aufrichtigkeit betonte. Stell dir einfach mal vor, du bist ein Samurai, der nach einem langen Tag meditativ über den Wert dieser Tugenden nachdenkt.
Genau, das ist der spirituelle Weg, ein ständiges Reflektieren und Streben nach mehr Tiefe und Wahrheit.

Schamanismus: Die indigenen Krieger suchten durch Rituale und Trancezustände Antworten aus der spirituellen Welt. Sie waren die Hüter der Gemeinschaft und der Natur. Schamanen kennen es, du tauchst in einen tranceartigen Zustand ein, du spürst den Pulsschlag der Erde und bekommst Antworten auf Fragen, die tief in dir brennen. Es ist ein Moment der Heilung, der Verbindung, der inneren Ruhe.

Bhagavad Gita: In der indischen Philosophie lehrt Krishna den Krieger Arjuna, dass der wahre Kampf im Inneren stattfindet – gegen Unwissenheit und Egoismus. Es ist der ständige innere Konflikt, authentisch zu bleiben, während die Welt versucht, dich zu formen. Wie mag es also sein, du stehst mitten im Trubel des Lebens und weißt, dass die wahre Schlacht in dir tobt – und dass du die Kraft hast, sie zu gewinnen. Pure Selbstermächtigung.

Sufismus: Im Sufismus kämpft der spirituelle Krieger den „inneren Dschihad", den Kampf gegen das Ego. Ich denke hierbei an einen Sufi-Mönch, der in tiefer Meditation sitzt, seine inneren Konflikte in Frieden auflöst und in einer stillen, kraftvollen Harmonie mit dem Universum schwingt. Oder er dreht sich und Tanz den „Derwish-Tanz" und gleitet immer mehr in Trance.

Shaolin: Der Shaolin-Mönch verkörpert durch absolute Disziplin und innere Ruhe, unvorstellbare Kraft, tiefe Weisheit und Mitgefühl, den spirituellen Krieger in Perfektion. Er trainiert Körper und Geist gleichermaßen und nutzt seine Stärke zum Schutz für Frieden und Harmonie, nicht zur Zerstörung. Für ihn entsteht Veränderung durch das Verlassen der eigenen Komfortzone unter Einhaltung seiner Werte.

Wie ist es bei dir, bist du bereit für die Reise?

Der spirituelle Krieger ist also keine ferne Legende. Er lebt in jedem von uns. Er verkörpert den ewigen Kampf um Selbsterkenntnis, spirituelles Wachstum und die Bereitschaft, Weisheit und Mitgefühl in den Alltag zu bringen.

Der Weg ist gewiss nicht einfach, aber er ist es definitiv wert. Er führt dich und jeden anderen Menschen zu einer tiefen, inneren Erfüllung und einer Verbindung mit dem größeren Ganzen.

Also, was hält dich zurück, deinen inneren Krieger zu rufen? Stell dich den Herausforderungen, nimm sie als Lernender an und entdecke die Kraft, die in dir schon immer gewartet hat.

Bist DU bereit?

Bist DU ein Krieger?

Bist DU eine Kriegerin?

Du bist immer deine Erfüllung,
egal welchen Weg DU wählst.

Der Tanz des Lebens

Das Leben ist ein Tanz,
ein Tanz voller Freude und Schmerz.
Ein Tanz, der uns fordert und bereichert,
und uns zeigt, wer wir wirklich sind.

Der Tanz führt uns durch die Höhen und Tiefen,
durch die Freuden und Herausforderungen.
Er zeigt uns unsere Stärken und Schwächen,
und lässt uns wachsen und reifen.

Lass dich vom Tanz des Lebens tragen,
lass dich von ihm in seine Arme nehmen.
Lass dich von ihm führen und leiten,
auf deinem Weg zu dir selbst.

Denn der Tanz des Lebens ist eine Quelle der Kraft,
eine Quelle der Inspiration und des Wachstums.
In ihm finden wir alle unsere Bestimmung,
und die Freiheit, die wir brauchen, um zu leben.

Tanze dein Leben mit Freude und Leidenschaft,
tanze es mit Mut und Vertrauen.
Tanze es mit all deiner Kraft und Liebe,
und lass es zu einem wunderschönen Kunstwerk werden.

Die innere Reise des Kriegers

"Ein spiritueller Krieger ist nicht der, der die meisten Schlachten schlägt, sondern der, der die tiefsten inneren Wunden heilt. Sein Sieg ist nicht in äußeren Errungenschaften, sondern in der Überwindung seiner eigenen Ängste und Unvollkommenheiten zu finden."

Selbsterkenntnis und Bewusstsein

Die Reise des spirituellen Kriegers beginnt wie gesagt, nicht auf dem Schlachtfeld, sondern tief in seinem Inneren. Dort, wo das wahre Abenteuer liegt: die Selbsterkenntnis. Sie ist der Schlüssel, ohne den jeder äußere Kampf nur leerer Lärm bleibt. Ein Krieger muss den Mut aufbringen, sich selbst in all seinen Facetten zu erkennen – nicht nur die glänzenden Stärken, sondern auch die verborgenen Schwächen, die schmerzhaften Ängste und die zerbrechlichen Hoffnungen. Das erfordert wahre Tapferkeit, denn es bedeutet, den Schatten in die Augen zu schauen, sie anzunehmen und schließlich zu integrieren.

Sokrates sagte einst: *„Ein unerforschtes Leben ist nicht lebenswert"*. Für den spirituellen Krieger sind diese Worte ein klarer Ruf. Mit jeder Meditation, jeder Reflexion wird er zu einem stillen Beobachter seiner eigenen Gedanken und Gefühle. Diese Achtsamkeit befreit ihn von den Stürmen des Geistes, die ihn sonst hin- und herreißen würden. Stattdessen findet er die unerschütterliche Mitte – jenen Ort der tiefen Ruhe und Klarheit, der nicht von äußeren Umständen beeinflusst wird.

Doch die Reise der Selbsterkenntnis hat kein Ziel, das man erreichen könnte. Sie ist ein fortwährender Fluss, ein niemals endender Prozess des Schicht-für-Schicht-Entfaltens. Der Krieger löst die Masken und Illusionen des Egos ab, bis er schließlich das wahre Selbst berührt – jene Essenz, die tief verbunden ist mit dem Universum. In dieser Verbindung spürt er, dass die Suche nach sich selbst nichts anderes ist als die Suche nach der Einheit mit dem Kosmos.

Das Ego, der wahre Gegner

Im Inneren des Kriegers tobt ein Kampf, der weit größer ist als jeder äußere Konflikt. Es ist der stille, unerbittliche Kampf gegen das Ego. Das Ego, dieser ständige Begleiter, der uns glauben lässt, dass wir immer mehr brauchen, mehr sein müssen, um wertvoll zu sein. Es ist das Konstrukt, das wir aus Gedanken, Erinnerungen und Rollen erschaffen haben, eine innere Stimme, die nach Anerkennung schreit und uns in endlose Vergleiche verstrickt. Doch der Krieger weiß, dass dieser Weg in die Irre führt.

Für den Krieger ist das Ego die größte Hürde auf dem Weg zur Erleuchtung. Die Schlacht gegen das Ego ist keine, die man einmal schlägt und gewinnt. Sie erfordert ständige Wachsamkeit, Mut und Disziplin. Es ist ein lebenslanger Prozess, eine tägliche Entscheidung, das Ego zu erkennen, zu hinterfragen und schließlich loszulassen. Und in diesem Loslassen liegt die wahre Freiheit.

Stell dir vor, der Krieger steht vor einer Herausforderung – er hat etwas verloren, sei es materiell oder emotional. Das Ego flüstert ihm zu, dass sein Wert an diesen Verlust gebunden ist. Doch der Krieger spürt die vergängliche Natur dieser Anhaftung, er erkennt, dass wahre Stärke aus seinem Inneren kommt, und lässt los. In diesem Moment findet er inneren Frieden, unabhängig von den äußeren Umständen. Das Ego klammert sich an Dinge, Menschen und Ideen, in der Illusion, dass sie ihm Sicherheit geben. Doch der Krieger weiß, dass nichts von Dauer ist. Er übt sich im Loslassen, nicht aus Gleichgültigkeit, sondern aus einem tiefen Verständnis der Natur des Lebens.

Auch in der Begegnung mit anderen muss der Krieger wachsam bleiben. Das Ego versucht, ihn in eine Trennung zu zwingen – es will ihn über andere stellen oder ihn im Vergleich schwächen. Doch der Krieger entscheidet sich für Mitgefühl. In jedem Konflikt sucht er nach Einheit, nach der Wahrheit hinter dem Ego, die uns alle miteinander verbindet.

Das Training des inneren Kriegers

Wie jeder Krieger muss auch der spirituelle Krieger seine Fähigkeiten kontinuierlich schärfen. Meditation wird zu seinem täglichen Begleiter, denn sie lehrt ihn, das Ego zu beobachten, ohne sich in dessen Dramen zu verlieren. In der Stille entdeckt er die Muster, die das Ego ihm vorsetzt, und kann sie Stück für Stück auflösen.

Achtsamkeit im Alltag ist ein weiteres mächtiges Werkzeug. Der Krieger lernt, im gegenwärtigen Moment zu verweilen und sich nicht von den ständigen Gedanken über die Vergangenheit oder Zukunft leiten zu lassen. Er fokussiert sich auf das Hier und Jetzt, um die subtilen Manipulationen des Egos zu entlarven.

Selbstreflexion wird für ihn zur täglichen Übung. Durch Tagebuchschreiben oder stille Kontemplation hinterfragt er seine Motivationen, deckt die Strategien des E-gos auf und entscheidet bewusst, welche Handlungen er setzen will – aus dem Her-zen heraus, nicht aus Angst oder Verlangen.

Und schließlich dient der Krieger anderen. Er weiß, dass das Ego immer nach Selbst-bezogenheit strebt, und so wendet er sich von „Ich" und „Mir" ab, um „Wir" und „Uns" in den Vordergrund zu stellen. Indem er selbstlos gibt, schwächt er das Ego und stärkt die Verbindung zu seiner wahren Natur.

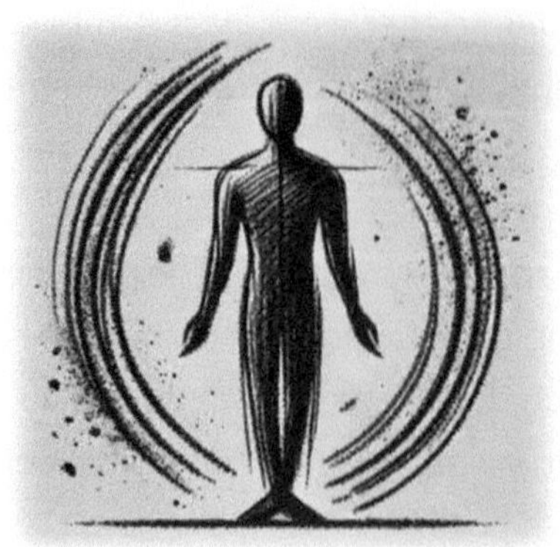

Der wahre Kampf und damit die wahre Freiheit

Der Kampf gegen das Ego ist kein Kampf im herkömmlichen Sinne. Es geht nicht darum, das Ego zu zerstören, sondern es in ein Instrument der Selbsterkenntnis zu verwandeln. Dieser Weg erfordert Geduld, Mut und vor allem Liebe – Liebe zu sich selbst und zu allen Wesen.

Wenn der Krieger durch diesen Prozess der Transformation geht, erreicht er einen Zustand der inneren Freiheit. Diese Freiheit ist nicht die Abwesenheit von Herausforderungen, sondern die Fähigkeit, mit Weisheit und Gelassenheit auf sie zu reagieren.

Der Krieger erkennt, dass wahrer Frieden nicht das Fehlen von Stürmen ist, sondern die Stille, die er mitten im Sturm bewahren kann.

Pirschen, die Kunst der Achtsamkeit

Das Pirschen, eine uralte Technik der Tolteken, ist ein weiteres Werkzeug im Arsenal des spirituellen Kriegers. Es ist die Kunst, das Leben mit wachen Sinnen zu beobachten, die eigene Wahrnehmung zu schärfen und die Illusionen des Alltags zu durchdringen. Der Krieger wird zum stillen Beobachter seines eigenen Lebens. Er pirscht sich an die Wahrheit heran, immer auf der Suche nach der Essenz der Dinge.

Beim Pirschen geht es um Geduld, um die Fähigkeit, den Moment auszudehnen, um jede Handlung, jeden Gedanken und jedes Gefühl mit voller Aufmerksamkeit zu betrachten. So entdeckt der Krieger jene feinen Energien und Bewegungen, die anderen entgehen.

Diese Kunst führt den Krieger tiefer in die Essenz des Lebens. Es ist, als würde er die Schleier der Illusionen lüften, um die Wahrheit dahinter zu enthüllen. Doch diese Jagd nach der Wahrheit ist keine aggressive Verfolgung. Der Krieger nähert sich dem Mysterium des Lebens mit Respekt und Geduld. Er weiß, dass die Weisheit, die er sucht, nicht erzwungen werden kann, sondern sanft und im Einklang mit dem Universum zu ihm kommt.

So schreitet der spirituelle Krieger voran, durch innere Kämpfe und stille Siege, mit einem klaren Ziel vor Augen: die Wahrheit seiner eigenen Existenz zu erkennen und das Licht dieser Erkenntnis in die Welt zu tragen.

<u>*Übung*</u>

Die Kunst des Pirschens, das Achtsames Beobachten

Ziel:
Diese Übung hilft dir, die Kunst des Pirschens in deinen Alltag zu integrieren. Sie schärft deine Wahrnehmung und lehrt dich, Illusionen zu durchdringen und die Essenz der Dinge zu erkennen.

Anleitung:
Der Beobachter-Modus
Setze dich an einen Ort, an dem du ungestört bist. Nimm eine entspannte, aber aufrechte Haltung ein. Schließe die Augen und atme einige Male tief ein und aus. Stell dir vor, dass du ein stiller Beobachter bist – ein Krieger, der sich lautlos an die Wahrheit heranpirscht.

Wahrnehmung schärfen
Öffne langsam die Augen und beobachte deine Umgebung mit völlig neuen Augen. Nimm Details wahr, die dir zuvor entgangen sind – die Struktur eines Blattes, das Spiel des Lichts auf einer Oberfläche, die Geräusche in der Ferne. Versuche, ohne Wertung oder Analyse einfach nur zu beobachten.

Innere Bewegungen erfassen
Richte deine Aufmerksamkeit nun nach innen. Welche Gedanken ziehen vorbei? Welche Gefühle tauchen auf? Sei ein geduldiger Jäger, der jede feine Regung erkennt, ohne sie festzuhalten oder zu verdrängen.

Die Illusionen durchdringen

Frage dich: Welche Muster oder Überzeugungen bestimmen gerade mein Erleben? Sind sie real oder nur eine Illusion, die mich einschränkt? Welche Wahrheit könnte sich dahinter verbergen?

Das Erlebte integrieren

Notiere deine Beobachtungen in einem Journal. Was hast du neu entdeckt? Wie hat sich deine Wahrnehmung verändert? Welche Illusionen konntest du durchschauen?

Zusätzliche Herausforderung:

Führe diese Übung in einem sozialen Kontext durch. Sei in Gesprächen oder in einer Menschenmenge der stille Beobachter. Achte auf nonverbale Signale, Energieveränderungen und feine Nuancen, die anderen vielleicht entgehen. Diese Übung hilft dir, dich bewusst an die Essenz der Dinge heranzupirschen – mit Geduld, Respekt und der Offenheit eines spirituellen Kriegers.

Das Scheitern

Scheitern, es trifft uns in den Momenten, in denen wir es am wenigsten erwarten oder gar brauchen können. Es kann uns tief erschüttern, unser Selbstbild ins Wanken bringen und uns mit Fragen zurücklassen, die wir zuvor nicht zu stellen wagten. Für den spirituellen Krieger jedoch ist das Scheitern keine Niederlage, sondern ein wertvoller Teil des Weges. Es ist nicht der Schatten des Erfolgs, sondern das Tor zu einer tieferen Wahrheit, eine Wahrheit, die nur entdeckt werden kann, wenn man bereit ist, sich in den Schmerz des Scheiterns hineinfallen zu lassen.

In einer Welt, die uns oft sagt, dass Erfolg das ultimative Ziel ist, stellt sich der Krieger gegen den Strom. Er erkennt, dass Scheitern der Schlüssel zu seiner inneren Entwicklung ist. Jedes Scheitern ist eine Einladung, sich selbst neu zu begegnen, tiefer zu graben und das eigene Wesen zu erforschen. Es ist eine Lektion, die uns lehrt, dass wir nicht hier sind, um perfekt zu sein, sondern um zu wachsen, um zu lernen und uns selbst in jedem Moment neu zu entdecken.

Für den Krieger ist Scheitern keine Schande. Es ist eine Offenbarung. Es zeigt ihm, wo er sich noch an Illusionen festhält, wo er vielleicht von seinem wahren Weg abgekommen ist. Es erinnert ihn daran, dass die größten Einsichten oft aus den dunkelsten Stunden hervorgehen. Wenn der Boden unter den Füßen nachgibt und die gewohnten Strukturen zerbrechen, dann ist das der Moment, in dem der Krieger die Wahrheit findet. Er sieht, dass das, was er für Stabilität hielt, in Wirklichkeit nur eine Illusion war, und dass das wahre Fundament seines Lebens in ihm selbst liegt.

Scheitern ist ein Lehrer, der dem Krieger Demut beibringt. Es zeigt ihm, dass er trotz all seiner Bemühungen und all seines Wissens noch immer ein Lernender ist. Es bringt ihn in Kontakt mit seiner menschlichen Unvollkommenheit, und genau darin liegt eine tiefe Schönheit. Denn in der Anerkennung der eigenen Fehler liegt die Möglichkeit zur Vergebung – sich selbst und anderen gegenüber. Der Krieger lernt, dass Vergebung kein Zeichen von Schwäche ist, sondern ein Akt der Stärke. Sie ist der Schlüssel, um sich von der Last des Scheiterns zu befreien und mit einem leichten Herzen weiterzugehen.

Und dann ist da diese andere Seite des Scheiterns, die uns oft entgeht – die Seite, die uns zeigt, wie stark wir wirklich sind. Wenn der Krieger aufsteht, nachdem er gefallen ist, erkennt er, dass er viel mehr Kraft in sich trägt, als er je geahnt hat. Jedes Mal, wenn er scheitert, baut er eine neue Resilienz auf. Es ist diese Fähigkeit, immer wieder aufzustehen, die ihn formt, die ihn stärker macht und ihn auf eine tiefere Weise mit sich selbst verbindet.

Für den Krieger bedeutet das Scheitern auch, die eigenen Erwartungen loszulassen. Wie oft klammern wir uns an eine Vorstellung davon, wie das Leben sein *sollte*? Wie oft glauben wir, dass Erfolg bedeutet, bestimmte Ziele zu erreichen, bestimmte Standards zu erfüllen? Doch der Krieger erkennt, dass wahres Wachstum nicht darin liegt, äußere Erfolge zu erzielen, sondern darin, die innere Reise fortzusetzen – egal, wohin sie führt. Scheitern fordert ihn heraus, sich von diesen äußeren Maßstäben zu lösen und den Wert seines Lebens auf einer tieferen Ebene zu finden.

Das Leben ist kein geradliniger Weg, und der Krieger weiß das. Er weiß, dass die wahren Lektionen oft nicht in den Momenten des Triumphes, sondern in den Momenten der Niederlage liegen. Es ist in den Momenten des Scheiterns, dass er lernt, was wirklich wichtig ist. Es ist der Schmerz des Verlustes, der ihm zeigt, was in seinem Herzen zählt. Und es ist die Unsicherheit, die ihm erlaubt, sich auf das Unbekannte einzulassen, mit einem offenen Geist und einem offenen Herzen.
Scheitern bringt auch eine tiefe Erkenntnis mit sich: Die Dinge laufen nicht immer so, wie wir es wollen – und das ist in Ordnung. Der Krieger lernt, das Leben so zu nehmen, wie es kommt, und die Weisheit im Chaos zu erkennen. Er versteht, dass jeder Rückschlag Teil eines größeren Plans ist, den er vielleicht noch nicht vollständig erfassen kann, aber er vertraut darauf, dass alles einen Sinn hat. Und dieses Vertrauen gibt ihm die Gelassenheit, auch in den schwierigsten Zeiten klar zu bleiben und weiterzugehen.

Letztlich ist das Scheitern ein Geschenk, wenn wir bereit sind, es anzunehmen. Es bricht unsere Vorstellungen von Kontrolle und Perfektion auf und gibt uns die Chance, uns selbst neu zu erfinden. Der Krieger weiß, dass jedes Mal, wenn er scheitert, eine neue Möglichkeit zur Geburt eines tieferen Selbst entsteht. Durch das Loslassen alter Erwartungen und das Annehmen des Scheiterns öffnet sich der Raum für etwas Größeres – für eine tiefere Verbindung mit dem Leben und mit dem eigenen Sein.

Und so bewegt sich der Krieger durch das Leben – nicht mit der Angst vor dem Scheitern, sondern mit der Gewissheit, dass jeder Sturz ihn näher zu sich selbst bringt. Er weiß, dass er am Ende nicht für seine Erfolge, sondern für seine Hingabe an den Weg beurteilt wird. Denn der wahre Erfolg des spirituellen Kriegers liegt nicht darin, nie zu scheitern, sondern darin, jedes Scheitern als Sprungbrett zu einer tieferen Wahrheit zu nutzen.

Am Ende erkennt der Krieger, dass das Leben ein Tanz ist, und Scheitern nur ein Schritt in diesem Tanz. Ein Schritt, der ihn nicht zurückwirft, sondern weiterführt – tiefer in die Mysterien des Lebens und tiefer in die Weisheit seines eigenen Herzens.

<u>Übung</u>

Die Kunst des bewussten Scheiterns, Reise zur inneren Weisheit

Diese Übung hilft dir, Scheitern als Wachstumsprozess zu begreifen und deine Beziehung dazu bewusst zu verändern. Es geht nicht darum, das Scheitern zu „vermeiden" oder es schönzureden, sondern darum, ihm mit offenen Augen zu begegnen, es zu erforschen und aus ihm zu lernen.

<u>1. Reflexion: Dein persönliches Scheitern</u>

Setze dich an einen ruhigen Ort, nimm dir ein Notizbuch oder ein Blatt Papier und beantworte folgende Fragen so ehrlich wie möglich:

Erinnere dich an eine Situation, in der du gescheitert bist.
Was genau ist passiert?

Welche Gefühle kamen in diesem Moment hoch? Scham, Wut, Angst, Trauer?

Wie hast du darauf reagiert? Hast du es verdrängt, bist du in Selbstkritik verfallen oder hast du es als Lektion gesehen?

Welche Geschichte erzählst du dir über dieses Scheitern?
Glaubst du, dass es ein Zeichen deiner Unfähigkeit war?

Siehst du es als eine ungerechte Strafe oder als eine notwendige Erfahrung?

Welche Erkenntnisse kannst du daraus ziehen?
Was hat dir dieses Scheitern gezeigt, das du sonst nicht erkannt hättest?

Gibt es eine neue Perspektive, aus der du es betrachten kannst?
Schreibe deine Antworten auf und beobachte.

2. Körperliche Wahrnehmung: Wo sitzt das Scheitern in dir?
Schließe deine Augen und gehe mit deiner Aufmerksamkeit in deinen Körper.

Wo in deinem Körper spürst du das Gefühl des Scheiterns am deutlichsten? Vielleicht als Druck auf der Brust, als Kloß im Hals oder als Unruhe im Bauch?

Lege deine Hand sanft auf diese Stelle und atme tief ein und aus.

Erlaube dir, einfach nur zu fühlen. Nichts muss verändert oder analysiert werden. Spüre einfach hin.

Lass das Gefühl da sein, ohne es zu bewerten oder zu verdrängen. Stell dir vor, du öffnest innerlich eine Tür und sagst: „*Du darfst da sein. Ich sehe dich.*" Bleibe einige Minuten in dieser Präsenz.

3. Die schamanische Perspektive: Das Scheitern ehren
In der schamanischen Tradition ist Scheitern kein Zeichen von Schwäche, sondern eine Initiation – eine Schwelle, die dich tiefer in dein eigenes Wesen führt. Nimm dir einen Moment, um diese Sichtweise zu integrieren:

Stelle dir dein Scheitern als einen Lehrer vor.

Wenn es eine Gestalt hätte, wie würde es aussehen?

Wenn es sprechen könnte, was würde es dir sagen?

4. Finde ein Symbol für dein Scheitern.
Das kann ein Stein sein, eine Feder, eine Rune oder ein anderes Objekt, das du in der Natur findest. Halte es in deinen Händen und spüre, wie du eine neue Verbindung zu dieser Erfahrung herstellst.

Mache ein kleines Ritual:

Nimm dein Symbol mit an einen besonderen Ort in der Natur (ein Baum, ein Fluss, eine Wiese).

Sprich laut oder in Gedanken aus, was du gelernt hast.

Lass dein Symbol dort als Zeichen deiner Erkenntnis oder trage es als Erinnerung an deine innere Stärke bei dir.

5. Integration: Der Krieger erhebt sich wieder
Zum Abschluss setze dich mit geradem Rücken hin und atme tief
ein und aus. Spüre, dass du nicht dein Scheitern bist. Du erlebst
Scheitern, aber es definiert dich nicht.

Schreibe eine neue Geschichte über dein Scheitern.

Was hast du gelernt?

Was macht dich heute stärker als vorher?

Wie kannst du das Gelernte in deinem Leben umsetzen?

Beende die Übung mit einer Affirmation:

Ich erlaube mir zu scheitern, weil ich dadurch wachse.

Ich stehe immer wieder auf, denn mein Weg endet nicht hier.

*Mein Wert hängt nicht von meinem Erfolg ab, sondern von mei-
ner Hingabe an den Weg.*

Diese Übung hilft dir, Scheitern als Teil deines Wachstums zu begreifen. Denn der spirituelle Krieger weiß: Jeder Sturz ist nur
eine Einladung, tiefer in die eigene Wahrheit einzutauchen.

Die Rolle der Intuition

Um es poetisch auszudrücken, für den Krieger ist die Intuition wie eine verborgene Melodie, die nur er hören kann, ein sanftes Flüstern, das ihn in den dunkelsten Stunden leitet und ihm Mut zuspricht, wenn Zweifel und Unsicherheit auf ihn zukommen. Diese Intuition ist mehr als eine Stimme in seinem Inneren; sie ist das Herz seiner Seele, der Puls seiner tiefsten Wahrheit. Sie ist das, was ihn auffängt, wenn der Verstand ihm nicht weiterhelfen kann, wenn die Logik an ihre Grenzen stößt und der Weg verschwommen scheint. In diesen Momenten wird die Intuition zur Quelle seiner Kraft, ein inneres Licht, das ihn zurück zu sich selbst bringt und ihm zeigt, dass er, egal wie verloren er sich fühlt, nie wirklich allein ist.

Die Intuition spricht mit einer Sprache, die keine Worte braucht. Sie zeigt sich in leisen Impulsen, in einem sanften Ziehen in eine bestimmte Richtung oder in einem plötzlichen Gefühl von Gewissheit, dass er sich nicht erklären kann. Man lernt, diese feinen Signale wahrzunehmen und sich von ihnen führen zu lassen, auch wenn man manchmal nicht versteht, warum sie ihn gerade jetzt auf diesen Weg schicken.

Es ist nicht immer einfach, auf diese innere Weisheit zu hören, denn sie fordert einen oft auf, sich seinen Ängsten zu stellen, sich ins Unbekannte zu wagen und Entscheidungen zu treffen, die nicht immer logisch erscheinen. Doch tief im Herzen weiß man, dass diese Intuition keine Laune des Zufalls ist, sondern eine Verbindung zu etwas Größerem, das einen liebt, das einen sogar schützt und das einen unterstützt, auch wenn man es nicht sehen kann.

Es gibt Zeiten, in denen die Welt laut und chaotisch ist, in denen die Meinungen anderer, wie Sturmwellen auf ihn einstürzen und versuchen, seine eigenen Empfindungen zu übertönen. Doch gerade dann zieht sich der Krieger zurück, sucht die Stille, um wieder in Einklang mit seiner Intuition zu kommen. Diese Stille ist für ihn heilig, ein Raum, in dem er seine eigenen Gedanken und Gefühle ordnen und die innere Ruhe finden kann, die er braucht, um klar zu sehen. In diesen stillen

Momenten fühlt er, wie sich die Unruhe legt, wie sein Herz sich beruhigt und wie das Flüstern seiner Intuition lauter wird. Er spürt eine tiefe Verbundenheit mit seinem innersten Wesen und mit dem Universum, als wäre er Teil eines unsichtbaren Netzes, das ihn durch alle Herausforderungen hindurch trägt.

Es ist ein Vertrauen, welches sich nur langsam aufbaut, Schritt für Schritt, durch jeden Moment, in dem er sich seiner Intuition hingibt und erlebt, wie sie ihn sicher führt. Dieses Vertrauen wächst wie eine starke Pflanze, die ihre Wurzeln tief in die Erde treibt und ihm Halt gibt, selbst wenn die Stürme des Lebens toben. Die Intuition wird so zu einem Anker in der Brandung, zu einer festen Instanz in einer Welt voller Wandel und Unsicherheiten. Der Krieger erkennt, dass die Intuition nicht fehlerlos ist, doch ihre Kraft liegt nicht darin, alles vorauszusehen oder alle Antworten zu haben. Ihre Stärke liegt darin, ihn immer wieder zurück zu sich selbst zu bringen, ihm Mut zu machen und ihm zu zeigen, dass er, egal wie groß die Zweifel sind, immer die Kraft in sich trägt, seinen Weg zu gehen.

Und so lernt der Krieger, dass seine Intuition nicht nur ein Werkzeug ist, das ihm hilft, Entscheidungen zu treffen. Sie ist ein Teil seiner Essenz, ein Spiegel seiner Seele und eine ständige Erinnerung daran, dass er nicht einfach nur ein Einzelner ist, der durch das Leben stolpert, sondern ein bewusster Teil eines größeren Ganzen. Seine Intuition verbindet ihn mit allem, was war, was ist und was noch sein wird. Sie erinnert ihn daran, dass er, so klein und unbedeutend er sich manchmal fühlen mag, in Wahrheit ein Ausdruck des Göttlichen ist, dass er ein Herz in der Brust trägt, das die Sprache des Universums versteht.

Indem er auf diese innere Stimme hört, erlaubt der Krieger sich, dem Leben zu vertrauen, auch wenn es dunkel und unvorhersehbar ist. Er erkennt, dass er den Weg nicht immer sehen muss, um ihm zu folgen. Es genügt, das leise Flüstern seiner Intuition wahrzunehmen und Schritt für Schritt vorwärtszugehen, mit dem Wissen, dass er genau dort ist, wo er sein soll, und dass das Leben ihn immer dorthin führen wird, wo er gebraucht wird. So wird die Intuition für ihn zu einem unsichtbaren

Faden, der ihn leitet, zu einer unsichtbaren Hand, die ihn stützt, und zu einer unerschöpflichen Quelle der Stärke, die ihm immer zur Seite steht.

Die Praxis des Loslassens

Loslassen! Mein Gott, wie oft klammern wir uns an das, was uns längst nicht mehr gut tut? Alte Gewohnheiten, die uns Sicherheit versprechen, Erinnerungen, die uns in ihrer Vertrautheit festhalten, oder Menschen, die uns vielleicht einmal wichtig waren, aber die uns heute kaum mehr geben als eine verblassende Verbindung zu früheren Zeiten. Für den Krieger ist das Loslassen eine seiner tiefsten Prüfungen. Es ist kein einfacher Schritt, kein „Abhaken" oder „Erledigen". Es ist ein tägliches Ringen mit sich selbst, ein immer wiederkehrender Tanz zwischen dem Festhalten und dem Freigeben. Er weiß, dass das Leben weiterfließt, egal wie stark er versucht, sich an Dinge zu klammern. Und er hat gelernt, dass seine Freiheit und seine Stärke immer dann wachsen, wenn er den Mut findet, Altes loszulassen.

Doch dieser Mut zum Loslassen ist nicht leicht. Oft bedeutet es, sich den eigenen Wunden zu stellen, den Verlust zu akzeptieren und die Leere auszuhalten, die entsteht, wenn das Vertraute geht. Loslassen fordert ihn heraus, die Ungewissheit willkommen zu heißen und das Unbekannte zu umarmen. Es ist, als würde er sich mit geschlossenen Augen an den Rand einer Klippe stellen und spüren, wie der Wind unter seinen Füßen weht, ihn einlädt, ins Ungewisse zu springen. Der Verstand, immer darauf bedacht, Sicherheit zu suchen, schreit „Nein!" und klammert sich an das, was er kennt. Doch das Herz, das mehr weiß, flüstert ihm zu: „Vertrau. Lass los."

Der Krieger ist sich sicher, dass hinter dem Loslassen kein Verlust liegt, sondern eine tiefere Freiheit, eine Freiheit, die nur diejenigen kennen, die bereit sind, alles zu riskieren, um zu sich selbst zu finden. Jedes Mal, wenn er den Mut findet, eine alte Wunde zu schließen, ein Stück Vergangenheit loszulassen oder sich von den Erwartungen anderer zu befreien, spürt er, wie sein Herz ein wenig leichter wird, wie die Last auf seinen Schultern abnimmt. Es ist, als würde er Stein für Stein ablegen und sich von einer unsichtbaren Kette befreien, die ihn viel zu lange gehalten hat.

Doch das Loslassen bringt nicht nur Leichtigkeit, es schenkt ihm auch ein neues Bewusstsein für die Gegenwart. Ohne die Schatten von gestern und ohne die ständige Sorge um morgen kann er den Moment, das jetzt, in seiner vollen Lebendigkeit erleben. Der Krieger öffnet sich diesem Augenblick, mit all seinen Farben, seiner Tiefe und seiner Schönheit. Er atmet die Luft ein, spürt den Boden unter seinen Füßen, und in diesem Augenblick ist er frei – frei von den Geistern der Vergangenheit und den Sorgen der Zukunft. Er ist ganz im Hier und Jetzt, ganz in seiner Essenz, in dem, was ihn als Krieger ausmacht.

Und so wird das Loslassen für ihn zu einem Ritual, zu einem wiederkehrenden Prozess der Reinigung und Befreiung. Er hält inne, blickt in sich hinein und stellt sich die Frage: „Was trage ich noch mit mir herum, dass ich eigentlich nicht mehr brauche? Welche Gedanken, welche Gefühle, welche Menschen gehören nicht mehr zu mir?" Er weiß, dass das Loslassen ihn aufruft, ehrlich zu sein – radikal ehrlich. Denn nur so kann er in seiner Kraft stehen, nur so kann er wirklich er selbst sein. In dieser Ehrlichkeit findet er die Stärke, Dinge loszulassen, die ihm einst wichtig waren, die ihm vielleicht sogar geholfen haben, zu überleben, die ihm Freude oder Schutz geboten haben, die ihn ausgemacht haben. Aber er hat erkannt, dass er sie nicht mehr braucht, dass sie nicht mehr Teil seines Weges sind.

Es ist ein schmerzhaftes, aber heilendes Loslassen. Manchmal fließen Tränen, manchmal tobt ein Sturm in seinem Inneren, während er sich von alten Vorstellungen und Mustern verabschiedet. Doch tief in seinem Inneren weiß der Krieger, dass es der richtige Weg ist. Dass das Loslassen die Tür öffnet zu einer tieferen Verbindung mit sich selbst, zu einem Leben, das nicht von Gestern oder Morgen geprägt ist, sondern vom Jetzt. Und jedes Mal, wenn er loslässt, wächst in ihm eine neue Stärke, eine neue Klarheit, ein neuer Mut. Er erkennt, dass er selbst die Quelle seiner Freiheit ist, dass er die Macht hat, sich zu befreien – nicht durch das Ankämpfen, sondern durch das Loslassen.

Am Ende ist das Loslassen für den Krieger kein Verlust, sondern ein Gewinn. Er gewinnt die Fähigkeit, sich selbst neu zu begegnen, sich selbst ohne die Masken der

Vergangenheit und ohne die Fesseln der Erwartungen zu erleben. In dieser Freiheit spürt er das Leben in seiner reinsten Form – voller Tiefe, voller Intensität und voller Schönheit. Es ist eine Freiheit, die ihn das wahre Geschenk des Lebens erkennen lässt: das Hier und Jetzt.

So lebt der Krieger, Schritt für Schritt, in der Befreiung von dem, was nicht mehr zu ihm gehört. Er lernt, sich selbst treu zu bleiben, indem er den Mut aufbringt, loszulassen. Und in dieser Freiheit findet er nicht nur sich selbst, sondern auch die Kraft, sein Leben in vollen Zügen zu leben, ohne die Last von gestern oder die Furcht vor morgen.

<u>Übung</u>

Der Tanz des Loslassens – Bewegung als Befreiung

Loslassen geschieht nicht nur im Kopf – es ist ein ganzheitlicher Prozess, der Körper, Geist und Seele umfasst. Manchmal ist es nicht genug, über etwas nachzudenken oder es aufzuschreiben. Der Körper speichert Erinnerungen, Emotionen und Anspannungen. Deshalb nutzt der spirituelle Krieger nicht nur Worte, sondern Bewegung, um sich zu befreien.

Diese Übung hilft dir, das Loslassen durch deinen Körper zu erfahren und dabei die Energie von festgehaltenen Emotionen, vergangenen Erlebnissen oder überholten Überzeugungen freizusetzen.

1. Die bewusste Vorbereitung
Finde einen ungestörten Raum, in dem du dich frei bewegen kannst. Zieh bequeme Kleidung an, die dich nicht einschränkt. Stell dir eine Playlist zusammen mit Musik, die dich berührt – beginnend mit ruhigen Klängen, dann intensiver werdend, bis hin zu sanften Tönen für den Abschluss. Wenn du magst, kannst du eine Kerze anzünden und dir bewusst machen, dass du jetzt bereit bist, loszulassen.

2. Der Einstieg: Kontakt mit dem Körper

Stell dich hin, schließe die Augen und beginne mit tiefem, ruhigem Atmen. Spüre den Boden unter deinen Füßen. Dann frage dich:

Wo in meinem Körper spüre ich Enge, Schwere oder Widerstand?

Welche Bewegung braucht dieser Bereich, um sich zu lösen?

Lass den Körper intuitiv antworten. Vielleicht möchtest du sanft kreisen, dich dehnen oder leicht wippen. Erlaube dir, dich mit dem Atem zu verbinden und jeden Widerstand zu spüren, ohne ihn zu bewerten.

3. Der Befreiungstanz: Bewegung als Loslassen

Jetzt beginnt der eigentliche Tanz des Loslassens. Lass die Musik langsam lauter werden.

Dann:

Spüre, was du loslassen willst – ein Gedanke, eine Emotion, eine Erinnerung. Stell dir vor, dass diese Energie nicht nur in deinem Kopf existiert, sondern sich irgendwo in deinem Körper festgesetzt hat.

Gib dieser Energie eine Bewegung – Vielleicht ist es ein Zittern in den Händen, ein Schütteln in den Schultern oder ein Stampfen mit den Füßen.

Lass die Bewegung intensiver werden – Dreh dich, schüttle dich, springe, schlage sanft auf den Boden – was auch immer dein Körper braucht, um sich zu befreien.

Atme dabei bewusst aus – Stell dir vor, dass mit jedem Ausatmen ein Stück dessen, was du loslassen möchtest, von dir abfällt.

Werde langsamer und spüre nach – Wenn du das Gefühl hast, dass die Energie sich entladen hat, komm nach und nach in ruhigere Bewegungen. Lass die Musik sanfter werden.

4. Abschluss: Integration in Stille

Setz dich oder leg dich auf den Boden. Spüre nach. Was hat sich verändert? Gibt es Leichtigkeit? Wärme? Ruhe?
Lege eine Hand auf dein Herz und sage innerlich:
Ich ehre, was war. Ich lasse los. Ich bin frei.
Bleib noch einen Moment in Stille und genieße das Gefühl der Befreiung.

Diese Übung kann eine intensive Erfahrung sein, die dich tief mit deinem Körper und deinen Emotionen verbindet. Der Krieger weiß, dass Loslassen keine passive Entscheidung ist – es ist ein bewusster, körperlicher Akt.

Bewegung ist eine Sprache, die tiefer geht als Worte, und wenn du ihr folgst, wirst du spüren, dass Freiheit nicht nur eine Idee ist, sondern eine Empfindung, die durch deinen ganzen Körper fließt.

Das Streben nach Balance

Für den Krieger ist Balance nicht nur ein Zustand, den er zu erreichen versucht, wie ein Gipfel, den er erklimmt, um dann endlich Ruhe zu finden. Balance ist für ihn eine Lebenshaltung, das Herz, das seinen Weg schlägt.

Es ist eine Kunst, die er jeden Tag neu lernt, eine feine Harmonie, die sich ständig verändert und die er immer wieder in sich selbst entdecken muss. Balance ist lebendig, ein Pulsieren, ein Wechselspiel der Kräfte, die ihn formen und herausfordern. Es ist wie ein Tanz auf einer schmalen Linie, ein Tanz zwischen den Polaritäten, die in ihm und um ihn existieren: Licht und Dunkelheit, Aktion und Ruhe, Freude und Schmerz, Vertrauen und Zweifel. Der Krieger weiß, dass all diese Gegensätze Teil seines Lebens sind und dass er nur dann wirklich in seiner Mitte ist, wenn er bereit ist, sie alle in sich zu vereinen.

Doch Balance bedeutet für ihn nicht, immer aufrecht und makellos zu bleiben, immer im perfekten Gleichgewicht zu sein. Vielmehr hat er verstanden, dass Balance ein beweglicher, flexibler Zustand ist, ein ständiges Nachgeben und Anpassen, ein sensibler Dialog zwischen ihm und dem Leben.

Es ist nicht das Ziel, die Wellen des Lebens zu glätten oder die Gegensätze aufzulösen, sondern in ihnen zu schwingen, mit ihnen zu fließen und sich ihnen hinzugeben. Der Krieger lauscht auf die leisen, oft kaum wahrnehmbaren Signale, die sein Körper und seine Seele ihm senden – dieses tiefe Wissen, wann er innehalten muss, wann es Zeit ist, sich zurückzuziehen, und wann der Augenblick gekommen ist, um einen mutigen Schritt nach vorn zu gehen.

Er lernt, dass seine wahre Stärke nicht darin liegt, das Leben zu kontrollieren oder alles „richtig" zu machen, sondern darin, in diesem Fluss zu bleiben und sich selbst immer wieder neu zu vertrauen. In diesem Tanz mit der Balance gibt es keine festen Regeln, keine starre Anleitung. Es ist ein intuitives Gespür, ein feines, lebendiges

Wahrnehmen des Jetzt. Der Krieger weiß, dass das Leben niemals stillsteht und dass auch seine eigene Balance keine starre Konstante ist.

Manchmal ist sie nah, greifbar, ein ruhiges, stabiles Zentrum, das ihn durch die Höhen und Tiefen trägt. Und dann gibt es Tage, an denen er sich verlieren könnte, an denen ihn das Leben wie eine wilde Strömung mit sich reißt und ihn herausfordert, die Balance neu zu finden, anders und tiefer als je zuvor.

In diesen Momenten lernt der Krieger, dass Balance bedeutet, loszulassen, das Vertrauen zu wagen, sich selbst zu überlassen. Er erkennt, dass es nichts bringt, gegen die Strömungen anzukämpfen, denn je mehr er sich wehrt, desto stärker wird die Unruhe, desto schwerer das Chaos. Stattdessen lässt er sich tragen, erlaubt sich, die Bewegung anzunehmen und in ihr seine Mitte neu zu finden.

Es ist ein Paradoxon: gerade indem er das Gleichgewicht loslässt, findet er es. Indem er sich erlaubt, die Unsicherheiten des Lebens zu spüren, wächst in ihm die Fähigkeit, sich neu auszurichten, in sich zu ruhen und diese Ruhe in die Welt hinauszutragen.

Der Krieger weiß, dass diese Balance keine Perfektion erfordert. Sie ist keine makellose Oberfläche, sondern eine tiefe, lebendige Verbindung zu sich selbst und zum Leben. Und in dieser Verbundenheit spürt er, dass er alle Gegensätze in sich tragen darf, dass er nicht ständig „gut" oder „stark" sein muss, dass er die Licht- und Schattenseiten in sich willkommen heißen kann. Es sind die Gegensätze, die das Leben lebendig machen, die ihm Tiefe und Farbe verleihen. Der Krieger hat gelernt, dass er in der Balance nicht nur seine eigene Mitte findet, sondern auch die Verbindung zum großen Ganzen, zum Herzschlag des Lebens selbst.

Er lässt sich von dieser Erkenntnis leiten, dass jedes Extrem, jeder Polaritätspunkt, Teil des großen Ganzen ist, welches ihn ausmacht. So wird Balance für ihn zu einer tiefen Akzeptanz dessen, was ist. Er sieht die Freude und den Schmerz, die Hoffnung und die Angst, die in ihm aufsteigen, und er nimmt sie an, als wären sie alte Freunde.

Er versteht, dass sie alle eine Rolle in seinem Leben spielen, dass sie ihm etwas lehren und dass sie ihn stärker und bewusster machen. Durch das Annehmen dieser Polaritäten findet der Krieger eine Freiheit, die ihn tief berührt, eine Freiheit, die ihn erkennen lässt, dass er alles in sich tragen kann, ohne daran zu zerbrechen.

Mit jedem Atemzug, mit jedem Schritt wird Balance zu einer immer tieferen Weisheit in ihm, einer inneren Haltung des Vertrauens und des Loslassens. Er weiß, dass er nicht alles wissen oder alles vorhersagen kann. Und so gibt er sich hin, vertraut darauf, dass das Leben ihn genau dorthin führt, wo er sein soll, dass jede Bewegung, jede Veränderung in ihm und um ihn Teil seines Weges ist. Diese Hingabe an die Balance wird für den Krieger zur Quelle seiner inneren Kraft. Er lernt, dass er in der Unsicherheit Stabilität finden kann, dass er im Wandel seine eigene Beständigkeit entdeckt.

Und so schreitet der Krieger, Tag für Tag, im Tanz der Balance, bereit, sich immer wieder neu auszurichten, bereit, das Leben in all seinen Facetten zu empfangen. Er weiß, dass die wahre Stärke nicht darin liegt, das Leben perfekt zu meistern, sondern darin, sich dem Leben mit einem offenen Herzen hinzugeben. In diesem Tanz findet er seine Essenz, seine Wahrheit, sein Sein.

Transformation und Heilung

Für den Krieger ist der Weg der Heilung wie ein stiller, aber intensiver Tanz mit den tiefsten Teilen seiner Seele. Es ist kein Weg der schnellen Antworten oder oberflächlichen Lösungen, sondern eine mutige, aufrichtige Reise, die ihn Schicht um Schicht näher zu sich selbst bringt. Stell dir vor, du entblätterst eine Zwiebel, und jede Schicht ist ein Teil deines Lebens, deines Seins – manchmal tränenreich, manchmal befreiend. Heilung bedeutet für den Krieger, den Mut aufzubringen, die Wunden, die er so lange verborgen hat, ans Licht zu holen.

Es bedeutet, die Geschichten zu hinterfragen, die er sich selbst erzählt hat, um Stärke zu demonstrieren, während darunter die Narben des Lebens pochten.
Er weiß: Wahre Stärke liegt nicht in der Unverwundbarkeit, sondern darin, die eigene Verletzlichkeit zu umarmen. Es ist, als würde man vor einem Spiegel stehen, nicht um das Äußere zu betrachten, sondern um die tiefen Ängste, die alten Narben und die verborgenen Sehnsüchte zu sehen.

Der Krieger dreht sich nicht weg, auch wenn das Bild schmerzhaft ist. Er bleibt. Er bleibt in diesem Moment, in dem er all die Gefühle zulässt – die Trauer, die Wut, die Angst. Und in diesem Zulassen geschieht etwas Magisches: Das, was einst dunkel und beängstigend war, beginnt sich zu wandeln.

Durch schamanische Praktiken und Rituale, durch Zeremonien und Reisen in die Tiefen seines Bewusstseins findet der Krieger Wege, sich diesen Schatten zu stellen. In den heiligen Räumen des Schamanismus begegnet er seinen inneren Dämonen – nicht um sie zu bekämpfen, sondern um sie zu verstehen.

Er erkennt, dass diese Schatten keine Feinde sind, sondern Teile von ihm, die zu lange übersehen wurden. Er bleibt in der Dunkelheit, hält den Schmerz, hört die leisen Stimmen der Vergangenheit und gibt all dem Raum, was so lange keinen Platz hatte.

Diese Konfrontation ist nicht leicht. Es gibt Tränen, Wutanfälle und Momente, in denen der Krieger alles hinschmeißen will. Doch genau hier liegt seine wahre Kraft. Er bleibt. Er lässt die Tränen fließen, er schreit in den Wald, er wirft sich auf den Boden und spürt jeden Herzschlag, der ihn daran erinnert, dass er lebt. Und mit jedem dieser Momente befreit er sich ein Stück mehr von den Ketten der Vergangenheit.

Der Krieger erkennt, dass Heilung nicht nur bedeutet, Wunden zu schließen, sondern auch die Weisheit darin zu finden. Jede Narbe erzählt eine Geschichte, jede Wunde birgt eine Lektion. Indem er den Schmerz akzeptiert, ihn nicht mehr wegstößt, sondern ihn in sich aufnimmt, verwandelt er diese Energie.

Die Wunde, die einst eine Last war, wird zu einer Quelle der Stärke, zu einem Tor zu einem neuen Verständnis seiner selbst.

Heilung ist für den Krieger ein Prozess der Befreiung – von alten Glaubenssätzen, von ungesagten Worten, von unterdrückten Gefühlen. Es ist ein Loslassen all dessen, was nicht mehr zu ihm gehört, ein Raum schaffen für das Neue, das entstehen will. In jeder Träne, die er weint, in jedem Moment, in dem er sich selbst vergibt, öffnet sich sein Herz ein Stück weiter. Er wird weicher, empfindsamer, aber auch unerschütterlich in seiner inneren Kraft.

Doch Heilung bleibt nicht nur bei ihm selbst. Der Krieger spürt, dass seine Transformation Wellen schlägt. Sein eigener Frieden strahlt aus, berührt die Menschen um ihn herum. Sie fühlen seine Ruhe, seine Klarheit, und es ermutigt sie, ihren eigenen Schmerz anzusehen.

Der Krieger wird zu einem stillen Leuchtturm, zu einem sicheren Hafen für jene, die sich noch vor ihren eigenen Schatten fürchten. Seine Heilung schafft einen Raum, in dem andere sich trauen, ihre Masken abzulegen, ihre eigenen Wunden zu betrachten und zu beginnen, sich selbst zu lieben.

Diese Verantwortung ist für den Krieger kein Gewicht, sondern ein Geschenk. Er erkennt, dass Heilung nie nur individuell ist. Durch die unsichtbaren Fäden, die alle Wesen miteinander verbinden, wird jeder Schritt, den er in seine eigene Ganzheit macht, zu einem Schritt in Richtung einer heileren Welt. Jedes Mal, wenn er loslässt, wenn er akzeptiert, wenn er heilt, webt er ein Netz aus Mitgefühl, Frieden und Verbundenheit.

Der Krieger weiß, dass dieser Weg niemals endet. Es gibt immer tiefere Schichten, immer neue Wunden, die heilen wollen. Doch er hat gelernt, dass es in diesem Prozess nicht um Perfektion geht, sondern um Hingabe. Jeder Schritt, den er geht, bringt ihn näher zu seiner eigenen Wahrheit, zu seiner Essenz. Und je tiefer er in diese Wahrheit eintaucht, desto mehr spürt er, dass seine Heilung nicht nur für ihn selbst ist. Sie ist ein Geschenk an die Welt.

Der Weg des Kriegers ist nicht leicht. Es gibt Tage, an denen der Schmerz überwältigend ist, an denen die Schatten größer scheinen als das Licht. Doch genau in diesen Momenten wächst der Krieger. Er lernt, dass die Dunkelheit nicht das Gegenteil des Lichts ist, sondern ein Teil davon. Er lernt, dass jedes Ende einen Anfang in sich trägt, dass jeder Sturz eine Chance ist, wieder aufzustehen.

Der Wandel vom gewöhnlichen Menschen zum Krieger ist keine plötzliche Verwandlung. Es ist ein langsamer, manchmal schmerzhafter Prozess, der Mut, Geduld und Hingabe erfordert. Doch am Ende dieses Weges steht eine Erkenntnis: Dass die wahre Stärke nicht darin liegt, den Schmerz zu vermeiden, sondern darin, ihn zu umarmen, anzunehmen und zu transformieren.

Und so geht der Krieger weiter, Schritt für Schritt, Atemzug für Atemzug. Mit jedem Schritt wird er mehr zu dem, der er wirklich ist. Mit jedem Atemzug erkennt er, dass er nicht nur den Schmerz tragen kann, sondern dass dieser Schmerz ihm Flügel verleiht. Der Krieger wird zu einem Leuchtfeuer, nicht nur für sich selbst, sondern für all jene, die ebenfalls auf der Suche nach ihrer eigenen Stärke sind. Denn in seinem

Mut, seinem Feuer und seiner Verletzlichkeit zeigt er uns allen, was möglich ist, wenn wir den Schmerz nicht fürchten, sondern ihn als unseren größten Lehrer annehmen.

In dieser Hingabe wird sein Weg der Heilung zu einem Weg der Liebe – zu sich selbst, zu anderen und zur Welt.

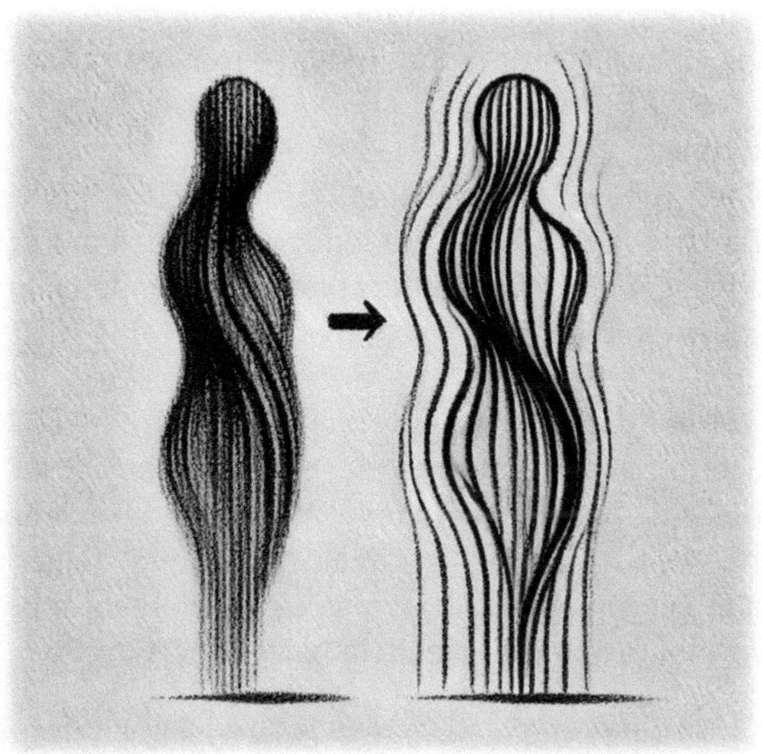

<u>Übung</u>

Die Alchemie der eigenen Wunde – Schmerz in Kraft verwandeln

Diese Übung hilft dir, deine eigenen Wunden nicht nur zu betrachten, sondern bewusst zu transformieren. Sie führt dich durch einen Prozess der Selbstannahme, in dem du lernst, deine Schatten nicht als Feinde, sondern als Lehrer zu begreifen.

Vorbereitung

Finde einen ruhigen Ort, an dem du dich sicher und ungestört fühlst. Du kannst eine Kerze entzünden oder dich mit einem Gegenstand umgeben, der dir Schutz und Geborgenheit gibt. Ein Notizbuch oder ein Blatt Papier sollten in deiner Nähe sein.

Schritt 1: Der Ruf deiner Wunde

Setze dich mit geschlossenen Augen hin und atme tief ein und aus. Fühle in deinen Körper hinein: Wo spürst du eine Spannung, eine Schwere oder ein Ziehen? Welche Emotion steigt auf? Vielleicht zeigt sich eine alte Erinnerung, ein wiederkehrendes Gefühl oder eine innere Stimme, die du lange ignoriert hast.

Lass dieses Gefühl, diese Wunde, ohne Widerstand aufsteigen. Benenne sie in Gedanken: "Dies ist mein Schmerz. Dies ist meine Angst. Dies ist meine Wunde." Spüre in sie hinein, aber ohne Urteil – nur mit reiner Präsenz.

Schritt 2: Die Botschaft der Dunkelheit

Frage dich: Was möchte mir diese Wunde sagen? Vielleicht zeigt sie dir eine alte Geschichte, vielleicht eine unbewusste Überzeugung, die du über dich selbst trägst. Stelle dir vor, dass die Wunde eine Gestalt annimmt – eine Form, ein Symbol, vielleicht sogar eine Figur, die vor dir steht.

Sprich innerlich mit ihr:
Was willst du mir zeigen?
Warum bist du hier?
Was brauche ich, um dich zu heilen?

Achte darauf, ob Bilder, Worte oder Emotionen aufsteigen. Schreibe auf, was kommt, ohne es zu bewerten.

Schritt 3: Die Verwandlung – Schmerz in Kraft

Nun nimm einen tiefen Atemzug und stelle dir vor, dass diese Wunde oder diese Gestalt eine verborgene Kraft enthält – eine Weisheit, die darauf wartet, von dir erkannt zu werden.
Frage dich:
Welche Stärke verbirgt sich in dieser Wunde?
Was habe ich durch diesen Schmerz gelernt?
Wie kann ich diese Energie in meine Kraft verwandeln?

Atme bewusst in diese Wunde hinein, und mit jedem Atemzug stellst du dir vor, wie sich das Dunkle wandelt. Vielleicht wird es leichter, vielleicht bekommt es eine neue Farbe, vielleicht spürst du ein inneres Aufrichten, eine neue Klarheit.

Wenn du soweit bist, öffne die Augen und schreibe folgende
Sätze auf:
   Meine Wunde hat mich gelehrt...
   Die Kraft, die darin verborgen war, ist...
   Ich bin bereit, diese neue Kraft zu integrieren, indem ich...

Schritt 4: Das Ritual des Übergangs

Um diesen Wandel zu besiegeln, schließe für einen Moment wieder die Augen. Stell dir vor, dass du am Ufer eines Flusses stehst. In deinen Händen hältst du die alte Geschichte, die alte Wunde – sie hat dir gedient, aber jetzt bist du bereit, sie gehen zu lassen.

Lass sie mit dem Wasser davonfließen – nicht um sie zu vergessen, sondern um sie in eine neue Form zu bringen. Sie gehört zu dir, aber sie definiert dich nicht mehr. Sie ist nun eine Quelle der Weisheit, nicht der Last.
Atme tief ein, fühle die Leichtigkeit und spüre in dich hinein: Wer bist du ohne diese alte Wunde?

Schritt 5: Integration in den Alltag

Beobachte in den kommenden Tagen bewusst, wie du nun auf Herausforderungen oder alte Muster reagierst. Spürst du die neu gewonnene Stärke? Wenn alte Zweifel auftauchen, erinnere dich an diesen Moment der Verwandlung und atme bewusst in deine neue Kraft hinein.
Du bist nicht mehr derjenige, der du warst, als du diese Wunde getragen hast. Du bist gewachsen. Und du gehst nun mit neuer Klarheit weiter – stärker, freier, bewusster.

Überwindung von Ängsten und Herausforderungen

Angst, dieses drückende Gefühl, das uns wie ein Schatten begleitet, das uns einredet, klein und schwach zu sein, das uns in unsere vermeintliche Sicherheit zurückzwingt. Sie scheint wie eine unsichtbare Mauer, die uns zurückhält, die uns in alten Gewohnheiten und Mustern gefangen hält, die wir längst ablegen sollten. Für die meisten von uns ist Angst ein Feind, etwas, das wir loswerden oder überwinden wollen. Doch für den Krieger ist die Angst ein Zeichen, ein versteckter Lehrmeister, der ihm den Weg zu einer tieferen Wahrheit in ihm selbst zeigt. Er versteht, dass Angst nichts Bedrohliches ist, das bekämpft werden muss. Sie ist ein Spiegel, der ihm zeigt, wo er noch festhält, wo er noch Raum für Wachstum hat, wo alte Wunden heilen dürfen.

Die Angst ist ein Verbündeter, der ihm den Weg weist. Jedes Mal, wenn die Angst in ihm aufsteigt und sein Herz schneller schlagen lässt, wenn sie sein Innerstes durcheinanderwirbelt, weiß er, dass er am Anfang eines neuen Pfades steht – eines Pfades, der ihn näher zu sich selbst führt. In diesen Momenten hält er inne und schaut der Angst direkt in die Augen. Er spürt das Zittern in seinem Körper, das Kribbeln in seinen Fingerspitzen, das Pulsieren seines Herzens. Es sind die Zeichen des Lebens, die ihn daran erinnern, dass er noch auf dem Weg ist, dass er lebt, dass er sich entwickelt.

Für ihn ist Mut nicht die Abwesenheit von Angst. Mut bedeutet, diese Angst zu fühlen und trotzdem weiterzugehen, in dem Wissen, dass er auch diese Herausforderung meistern kann. Der Krieger lernt, dass jeder Schritt in die Richtung seiner Ängste ihn freier macht, dass er ein Stück mehr zu sich selbst findet, wenn er sich traut, durch die Dunkelheit zu schreiten. Jedes Mal, wenn er sich der Angst stellt, gewinnt er ein wenig mehr Selbstvertrauen, ein wenig mehr Ruhe und Gelassenheit in sich selbst. Er wird stärker, nicht weil die Angst verschwindet, sondern weil er lernt, mit ihr zu sein, sie als Teil seines Weges zu akzeptieren.

Der Krieger begibt sich in die Stille, in die Tiefen seines Inneren, um der Angst Raum zu geben. Mit jeder Meditation, jedem bewussten Atemzug, jedem stillen Moment öffnet er sich dieser Energie, die ihm so viel über sich selbst verrät. Er lässt die Angst aufsteigen, spürt sie im ganzen Körper und gibt ihr einen Platz, anstatt sie zu verdrängen oder zu unterdrücken.

Er weiß, dass die Angst nur dann Macht über ihn hat, wenn er versucht, sie zu ignorieren. Aber indem er sie willkommen heißt, beginnt sie, ihre Schärfe zu verlieren. Sie verwandelt sich, wird zu einer fließenden Energie, die ihm statt Widerstand nun Kraft schenkt. Der Krieger lernt, dass er die Energie der Angst nutzen kann – als Quelle des Mutes, als Brennstoff für seine innere Stärke. Er erkennt, dass in jeder Angst auch ein Stück Schöpferkraft steckt, eine Kraft, die ihn antreibt und ihm zeigt, dass er mehr ist als die Grenzen, die er sich selbst gesetzt hat.

Mit dieser Haltung begegnet er auch den Herausforderungen des Lebens. Was für andere ein Hindernis wäre, ein Grund zum Aufgeben, ist für ihn eine Einladung zum Wachstum. Jede Herausforderung, die auf ihn zukommt, sieht er als Möglichkeit, sich weiterzuentwickeln, sich selbst besser kennenzulernen und in seine wahre Größe hineinzuwachsen.

Er erkennt, dass es in diesen Momenten nicht darum geht, dass sich die Welt ihm anpasst, sondern dass er selbst stärker und flexibler wird, um mit allem, was kommt, umgehen zu können. Die Herausforderungen im Außen werden zu Spiegeln seines Inneren, zu Prüfungen, die ihm zeigen, wie weit er schon gekommen ist und wo noch Heilung nötig ist.

Die wahre Transformation kommt von innen, davon ist er überzeugt. Es ist nicht das Außen, das ihn formt, sondern seine innere Haltung, die Entscheidung, jeden Moment bewusst anzunehmen und sich allem zu stellen, was auf ihn zukommt. In dieser Bereitschaft findet er eine tiefe Ruhe, eine Gewissheit, dass er alles in sich trägt, was er braucht, um den nächsten Schritt zu gehen. Er lernt, dass die wahre

Stärke nicht in der Kontrolle des Lebens liegt, sondern im Vertrauen darauf, dass er selbst der Fels ist, auf den er sich stützen kann, dass er selbst das Zentrum seines Universums ist.

So wird der Weg durch die Angst zu einem Weg der Selbsterkenntnis, einer Reise, die ihn in die tiefsten Winkel seiner Seele führt. Die Angst wird für ihn nicht kleiner, aber er wird größer, er wird wacher, und er beginnt, seine eigene Kraft zu spüren. Er begreift, dass die Angst nicht das Ende ist, sondern der Anfang. Der Anfang einer neuen Verbindung mit sich selbst, einer neuen Tiefe, die ihm zeigt, dass er alles sein kann, was er sich zutraut. Die Angst wird zu einem Verbündeten, zu einem Ruf, der ihn erinnert, er ist lebendig und es gibt immer noch unentdeckte Bereiche in ihm.

Der Krieger transformiert die Angst in etwas Wertvolles. Er nimmt ihre Energie und formt daraus Mut und Klarheit. Er hört auf, vor ihr wegzulaufen, und beginnt, ihr zu vertrauen, sie als Teil seines Weges zu ehren. Mit jedem Schritt wächst seine innere Stärke, sein Vertrauen in sich selbst und in das Leben. Er versteht, dass jede Konfrontation mit der Angst eine Chance ist, sich neu zu entdecken und alte Grenzen zu überwinden. Er wird zu jemandem, der nicht nur die Herausforderungen annimmt, sondern der sie als notwendige Schritte auf seinem Weg zur Selbstverwirklichung betrachtet.

In diesem Tanz mit der Angst, in diesem mutigen Weitergehen trotz des Zitterns, findet der Krieger eine Freiheit, die tief aus seinem Inneren kommt. Eine Freiheit, die nicht davon abhängt, was die Zukunft bringt, sondern die in ihm selbst wurzelt. Er lernt, dass er die Kraft hat, alles anzunehmen und alles zu transformieren – nicht weil die Angst verschwindet, sondern weil er sie zu einem Teil seines Wachstums gemacht hat. Er wird zu einem Leuchtfeuer für andere, zu einem lebendigen Beweis, dass Angst uns nicht lähmen muss, sondern uns zeigen kann, wie weit wir noch gehen können.

So geht der Krieger seinen Weg, mit einem offenen Herzen und dem tiefen Wissen, dass die Angst nicht das Gegenteil von Mut ist, sondern sein Begleiter, sein Wegweiser in die tiefste Wahrheit seines Seins. Er erkennt, dass die Herausforderungen, die auf ihn warten, ihn nicht nur herausfordern, sondern ihm die Möglichkeit geben, immer wieder zu beweisen, dass er bereit ist, der Mensch zu sein, der er wirklich ist. In dieser Haltung wird die Angst für ihn zum Symbol der Kraft, zur Quelle seines wahren Potenzials, und er weiß, dass er in jedem Augenblick die Wahl hat, entweder zu fliehen oder zu wachsen. Und er wählt immer wieder das Wachstum, weil er spürt, dass er nur so zu dem Krieger wird, der in ihm steckt, der voller Mut, voller Vertrauen und voller Lebendigkeit ist.

Die Kunst der Selbstfürsorge

Selbstfürsorge ist kein gelegentlicher Rückzug, keine Belohnung nach harter Arbeit. Sie ist das Herz seiner Lebenskraft, die Basis, auf der er seinen Weg geht. Für ihn ist Selbstfürsorge kein Luxus, sondern ein tiefes Versprechen an sich selbst, sich niemals aus den Augen zu verliert, für sich da zu sein, so wie er für andere da ist. Er weiß, er kann nur dann wirklich in seiner Kraft stehen, wenn er sich die gleiche Liebe, die gleiche Hingabe schenkt, die er der Welt gibt.

Jeden Tag, in kleinen Momenten oder größeren Ritualen, widmet er sich diesem Versprechen, hört auf das, was in ihm lebendig ist, was ihn nährt, was ihn beruhigt. Er kennt die Anzeichen, die ihm zeigen, wann er an seine Grenzen kommt – das angespannte Gefühl in seinen Muskeln, die Unruhe in seinem Geist, die leise Stimme, die ihm zuflüstert, dass es an der Zeit ist, innezuhalten. Und statt diese Zeichen zu ignorieren, hört er ihnen aufmerksam zu. Er hat gelernt, seine Stärke liegt nicht darin, ständig weiterzumachen, sondern auch darin, loszulassen und sich Zeit zu nehmen, um zurück zu sich selbst zu finden.

In diesen Momenten der Selbstfürsorge öffnet sich ein Raum der Stille und des Friedens in ihm. Es ist, als würde er in einen heiligen Kreis treten, den nur er betreten kann, eine Oase, in der er einfach sein darf, ohne Ansprüche, ohne Erwartungen. In dieser Stille erlaubt er sich, all die Schichten, die er im Alltag trägt, abzulegen und zu spüren, was wirklich da ist, also die tiefe Verbindung zu sich selbst und zu seinem eigenen Wesen. Er lässt den Druck des Alltags von sich abfallen, nimmt einen bewussten Atemzug nach dem anderen und spürt, wie sich sein Geist beruhigt, wie seine Gedanken klarer werden und wie seine Seele zur Ruhe kommt.

Diese Momente der Fürsorge für sich selbst sind für den Krieger keine Flucht, sondern eine Rückkehr zu seiner Essenz. Es ist eine bewusste Entscheidung, die er immer wieder trifft, sich selbst zu lieben und zu achten. Diese Liebe zu sich selbst ist nicht egoistisch, sondern die Quelle seiner Kraft, seine Basis, um der Welt etwas zu geben. Er weiß, dass er nur dann stark und klar für andere sein kann, wenn er seine eigenen Bedürfnisse respektiert und seine Grenzen ehrt. Indem er auf sich selbst achtet, schafft er Raum für das, was ihm wirklich wichtig ist, und schützt sich davor, in die Erschöpfung oder Resignation zu geraten.

Selbstfürsorge bedeutet für den Krieger auch, sich zu nähren – physisch, emotional und spirituell. Er wählt bewusst, was ihm gut tut, sei es in der Form von Bewegung, Nahrung, Ruhe oder Beziehungen. Er hört auf die leisen Wünsche seiner Seele, die ihn manchmal zum Rückzug, manchmal zur Natur, manchmal zu einer tiefen Stille ruft. Diese Momente, in denen er sich selbst schenkt, was er braucht, füllen ihn mit einer inneren Fülle und einer Klarheit, die ihm Kraft geben, auch die Stürme des Lebens zu meistern. Denn der Krieger weiß, wahre Stärke liegt nicht in der Unermüdlichkeit, sondern in der Fähigkeit, sich immer wieder neu auszurichten und in sich selbst zu ruhen.

Jedes Mal, wenn er sich bewusst Zeit für sich selbst nimmt, wird er daran erinnert, dass er wertvoll ist, dass sein Wohlergehen eine Priorität ist. Er hat gelernt, sich nicht von den Erwartungen anderer oder den Anforderungen der Welt auslaugen zu lassen, sondern immer wieder zu sich zurückzukehren, zu seiner eigenen Mitte. Dieser Weg der Selbstfürsorge ist für ihn ein Akt der Selbstachtung und ein Ausdruck seiner Liebe zu seinem eigenen Leben. Es ist ein tiefes „Ja" zu sich selbst, ein „Ja" zu dem, was er ist und was ihn erfüllt.

In dieser Selbstfürsorge liegt seine wahre Kraft. Sie ist das Fundament, auf dem er seine innere Mission aufbaut, der Boden, der ihn trägt und nährt. Er weiß, dass Selbstfürsorge kein einmaliger Akt ist, sondern ein kontinuierlicher Prozess, der ihm erlaubt, immer wieder neue Energie zu schöpfen. Es ist ein Kreislauf, in dem er sich bewusst Zeit nimmt, um seine innere Stärke zu regenerieren, seine Gedanken zu klären und sich für das zu öffnen, was wirklich wichtig ist. Diese Selbstfürsorge ist für den Krieger ein tiefer Ausdruck seiner Verbindung zu sich selbst, ein Zeichen seiner Bereitschaft, sich selbst in all seiner Tiefe und Komplexität anzunehmen.

Und so wird die Selbstfürsorge für den Krieger zu einem alltäglichen Ritual, zu einer Quelle der inneren Stärke und Weisheit. Es ist seine Art, sich selbst zu ehren, zu spüren, dass er wertvoll ist, dass er genauso viel Fürsorge verdient wie jeder andere, dem er begegnet. Diese Fürsorge ist kein Zeichen von Schwäche oder Rückzug, sondern ein klares Statement seines inneren Wertes, seiner Würde. Es ist ein inneres Gelübde, das er sich selbst gegeben hat, um in seiner ganzen Fülle zu leben und aus dieser Fülle heraus anderen zu dienen. Er weiß, dass er nur dann wirklich kraftvoll und klar durchs Leben gehen kann, wenn er sich selbst pflegt, wenn er seine eigenen Bedürfnisse sieht und respektiert.

<u>Übung</u>

Dein täglicher Moment der Selbstfürsorge

Diese Übung hilft dir, Selbstfürsorge nicht als etwas zu sehen, dass du dir nur ab und zu „gönnst", sondern als einen festen, unverzichtbaren Bestandteil deines Lebens. Sie ermöglicht dir, deine eigene Energie bewusst wahrzunehmen, deine Bedürfnisse zu erkennen und aktiv für dein Wohlbefinden zu sorgen – ohne Schuldgefühle oder das Gefühl, egoistisch zu sein.

1. Check-in mit dir selbst

Schließe die Augen, atme tief ein und spüre in dich hinein:

Wo fühlst du Anspannung?

Was brauchst du gerade wirklich?

Benenne dein Bedürfnis ohne Bewertung.

2. Wähle eine kleine Handlung

Erfülle dir bewusst eine Kleinigkeit, die dir guttut:

Körperlich: Trinke Wasser, dehne dich, atme tief.

Emotional: Schreibe einen positiven Gedanken auf, höre Musik.

Mental: Leg das Handy weg, genieße Stille.

Spirituell: Verbinde dich mit der Natur, sprich eine Affirmation.

3. Dein täglicher Anker
Wähle einen kleinen Gegenstand (Stein, Schmuck, Notiz), der dich tagsüber daran erinnert, achtsam mit dir zu sein.

Jedes Mal, wenn du ihn siehst oder berührst, frage dich: „Was brauche ich gerade?" – und handle danach.

4. Abendlicher Rückblick
Vor dem Schlafengehen:

Was habe ich heute für mich getan?

Wie hat es sich angefühlt?

Was kann ich morgen für mich tun?

Diese einfache Routine bringt dich immer wieder zurück zu dir selbst, denn Selbstfürsorge ist kein Luxus, sondern dein Fundament.

Der Weg der Integrität

Integrität. Schon das Wort allein hat eine kraftvolle Präsenz, die tief ins Herz dringt. Für jemanden, der sich auf den Weg der inneren Wahrheit begibt, ist sie mehr als ein Konzept. Sie ist der Fels, auf dem alles ruht, das Leuchtfeuer, das den Weg weist, wenn die Dunkelheit zunimmt. Sie ist nicht bloß ein Ideal, dass man bewundert, sondern der unerschütterliche Kern, um den sich das Leben dreht.

Stell dir vor, du bist ein Kapitän auf einem stürmischen Meer. Die Wellen schlagen gegen dein Schiff, der Horizont ist nicht zu sehen, und doch gibt es etwas, das dir Orientierung gibt – dein innerer Anker. Genau so fühlt sich Integrität an.

Sie ist der Kompass, der dich sicher durch die Unwägbarkeiten des Lebens führt. Aber dieser Kompass funktioniert nur, wenn du bereit bist, ehrlich mit dir selbst zu sein.
Es geht darum, dass deine Gedanken, Worte und Taten miteinander im Einklang stehen. Es bedeutet, in jeder Situation wahrhaftig zu handeln, selbst wenn es unbequem ist. Diese Authentizität ist keine einmalige Entscheidung, sondern ein ständiges Bemühen, sich selbst treu zu bleiben.

Viele glauben, Integrität zeige sich in großen, heldenhaften Taten. Doch die Wahrheit ist: Sie offenbart sich in den kleinen Momenten. In den Augenblicken, in denen niemand zusieht, in denen du allein mit dir bist und dich fragst: *Bin ich ehrlich zu mir selbst? Handle ich im Einklang mit meinen Werten?*

Vielleicht ist es die Entscheidung, zu etwas Nein zu sagen, das sich falsch anfühlt, auch wenn es anderen gefallen hätte. Vielleicht ist es der Mut, in einem Gespräch die Wahrheit auszusprechen, auch wenn es unangenehm ist. Diese alltäglichen Entscheidungen, so unscheinbar sie auch wirken mögen, sind die Bausteine, aus denen ein authentisches Leben entsteht.

Es gibt Zeiten, in denen das Leben dich testet, in denen es einfacher wäre, dich anzupassen oder deinen Werten untreu zu werden. Doch in solchen Momenten liegt die wahre Kraft darin, bei dir zu bleiben.

Es kann einsam sein, diesen Weg zu gehen. Manchmal fühlt es sich an, als ob du allein gegen eine Welt voller Kompromisse und Verstellungen stehst. Doch diese Einsamkeit birgt eine tiefe Schönheit. Sie gibt dir die Gelegenheit, dich selbst besser kennenzulernen, deine Werte zu klären und eine innere Stärke zu entwickeln, die niemand dir nehmen kann.

Niemand ist perfekt, und das weißt du. Es wird Momente geben, in denen du strauchelst, in denen du von deinem Weg abkommst. Doch wahre Integrität zeigt sich nicht in der Fehlerlosigkeit, sondern in der Fähigkeit, Fehler anzuerkennen und daraus zu lernen. Es ist die Bereitschaft, ehrlich zu dir selbst zu sein, auch wenn es wehtut.

Stell dir vor, du betrachtest dein eigenes Spiegelbild und siehst nicht nur deine Stärken, sondern auch deine Schwächen. Du erkennst die Momente, in denen du gezweifelt hast, in denen du nicht so gehandelt hast, wie du es dir vorgenommen hattest. Doch anstatt dich zu verurteilen, vergibst du dir. Du lernst, jeder Fehler ist eine großartige Chance, zu wachsen und stärker zurückzukehren.

Die Stärke, die aus einem Leben in Integrität erwächst, ist leise, aber unerschütterlich. Sie ist wie ein inneres Feuer, das dich wärmt und dir den Weg erhellt, selbst wenn die Welt um dich herum chaotisch ist. Dieses Feuer gibt dir eine Freiheit, die jenseits von äußerer Anerkennung liegt. Es befreit dich von der Angst, nicht genug zu sein, weil du weißt, dass du dir selbst treu bist.

Doch Integrität endet nicht bei dir selbst. Deine Wahrhaftigkeit inspiriert andere. In einer Welt, die oft von Masken und falschen Fassaden geprägt ist, wird deine Authentizität zu einem Leuchtfeuer. Du musst niemanden überzeugen oder missionieren – dein bloßes Sein ermutigt andere, ebenfalls ehrlich mit sich selbst zu sein.

Vielleicht begegnest du Menschen, die durch dein Vorbild den Mut finden, ihre eigenen Masken abzulegen. Vielleicht inspiriert deine Klarheit sie, ihre eigenen Werte zu hinterfragen und ihren eigenen Weg zu gehen. Deine Integrität wirkt wie ein leiser Ruf, der andere einlädt, ebenfalls in ihre Wahrheit einzutauchen.

Der Weg der Integrität ist kein Ziel, das du einmal erreichst und dann für immer behältst. Es ist ein Prozess, ein ständiges Bemühen, immer wieder neu zu entscheiden, wer du sein willst. Es gibt Tage, an denen du klar und fest in deiner Wahrheit stehst, und es gibt Momente, in denen du strauchelst. Doch du weißt, dass du immer wieder zurückkehren kannst – zurück zu deinem inneren Kern.

Am Ende des Tages, wenn du allein mit dir bist, bleibt eine einfache Frage: *Kann ich mir in die Augen sehen und sagen, dass ich ehrlich zu mir war?* Wenn die Antwort Ja lautet, dann hast du alles erreicht, was wirklich zählt.

Diese Ehrlichkeit mit dir selbst, diese tiefe Verbindung zu deinem innersten Wesen, ist das Kostbarste, was du besitzen kannst. Und so gehst du weiter, Schritt für Schritt, mit einem offenen Herzen und der Bereitschaft, deiner Wahrheit treu zu bleiben. Denn du weißt: In jedem Moment, in dem du aus deiner Integrität heraus handelst, veränderst du nicht nur dich selbst, sondern hinterlässt auch eine Spur von Authentizität und Hoffnung in der Welt.

Integrität verlangt Mut, den Mut,
gegen den Strom zu schwimmen,
den Mut, nicht immer gemocht zu werden,
den Mut, sich selbst treu zu bleiben.

Die Bedeutung des Humors

Und dann ist da der Humor, dieser unsichtbare Begleiter, der dem Krieger durch die größten Herausforderungen hilft, ihm eine Leichtigkeit schenkt, die nichts und niemand ihm nehmen kann. Für den Krieger ist Humor nicht nur eine nette Ablenkung oder eine Art, sich aufzuheitern. Nein, Humor ist für ihn das Herz seiner Lebenskraft, ein verborgener Schatz, der ihm zeigt, dass das Leben, so ernst es auch erscheinen mag, immer noch ein Spiel ist. Ein Spiel voller Überraschungen, seltsamer Zufälle und unerwarteter Wendungen, die nur darauf warten, entdeckt und geliebt zu werden.

Er versteht, dass das Leben voller Ironie steckt, dass es immer wieder Momente gibt, in denen alles Kopf steht und nichts mehr so läuft, wie er es geplant hatte. Doch genau in diesen Augenblicken fühlt der Krieger, wie stark die Macht des Lachens ist. Ein Lachen kann die Schwere von den Schultern nehmen, das Herz befreien und den Weg wieder klar und leicht machen, selbst wenn er gerade durch ein tiefes Tal geht. Es ist, als würde das Lachen ihn daran erinnern, dass er nicht allein ist, dass das Leben immer bei ihm ist, dass es ihn anstupst und ihm zuflüstert: „Nimm es leicht, du bist hier, um zu tanzen, um zu spielen."

Hier eine kleine Geschichte. Es gab einmal einen Tag, an dem ein Krieger die Bedeutung des Humors auf besonders eindrückliche Weise erlebte. Er hatte sich auf eine große Reise begeben, um ein Heiligtum in den Bergen zu finden, das ihm eine tiefe Einsicht über sich selbst bringen sollte. Voll konzentriert und entschlossen marschierte er den steilen Pfad entlang, den Rucksack fest auf den Schultern, die Gedanken tief im Ernst der bevorstehenden Aufgabe. Die Sonne brannte vom Himmel, seine Beine wurden schwer, und das Schweigen des Waldes um ihn herum machte die ganze Unternehmung noch gewichtiger. In sich ruhend und tiefatmend, ging er weiter und fühlte sich wie ein Held auf einer Mission – bis er an eine Lichtung kam und dort einen alten, mürrischen Hirsch traf.

Der Hirsch, der völlig unbeeindruckt von der ernsten Ausstrahlung des Kriegers war, starrte ihn nur an und blies missmutig die Nüstern auf, als wollte er sagen: „Und du, warum so ernst?" Der Krieger, ganz in seine Rolle als weiser Suchender vertieft, blieb stehen und wollte dem Hirsch respektvoll Platz machen. Doch der Hirsch bewegte sich keinen Millimeter. Stattdessen legte er den Kopf schief und schien den Krieger abzumessen, als überlegte er, ob er ihm wohl etwas Wichtiges sagen sollte. Nach einem Moment der Stille drehte sich der Hirsch um, verschwand im Wald und ließ nur eine kleine, kaum wahrnehmbare Spur seines missmutigen Blickes zurück.

Der Krieger musste lachen. Ein herzliches, befreiendes Lachen, das durch den Wald hallte und ihm plötzlich die Augen öffnete: Warum machte er aus dieser Reise so eine ernste Angelegenheit? Warum tat er so, als hinge das Gewicht der Welt auf seinen Schultern, als ob sein Leben nur in dieser einen Mission gipfelte? In diesem Moment erkannte er, dass es das Leben war, das ihn durch den grummeligen Hirsch, durch diese komische Begegnung daran erinnerte, die Leichtigkeit nicht zu verlieren. Manchmal schickt das Leben uns genau die kleinen Absurditäten, die wir brauchen, um aufzuwachen und das Lächeln zurückzufinden.

Für den Krieger wurde dieser Moment zum Sinnbild seines Weges. Humor war keine Ablenkung, sondern die Brücke, die ihn immer wieder mit der Freude des Lebens verband. Er wusste, Lachen bringt eine tiefe Heilung, ein echtes Lächeln öffnet das Herz, wo zuvor nur Ernst und Schwere waren. Humor erlaubte ihm, er selbst zu sein, ohne Masken, ohne übertriebene Ernsthaftigkeit – und wenn er über sich selbst lachen konnte, dann fühlte er sich unbesiegbar. Denn in diesen Momenten verstand er, das Leben muss nicht immer perfekt sein, er muß absolut nicht makellos und immer ernsthaft sein. Es genügte, er selbst zu sein, mit all den kleinen, komischen Missgeschicken und dem unvorhersehbaren Chaos, das das Leben so oft mit sich bringt.

Humor war für ihn eine Art innerer Kompass, der ihn daran erinnerte, dass das Leben nicht nach einem Plan verläuft, sondern voller Wunder und Widersprüche steckt. Jeder Moment, in dem er über sich selbst lachte, jede kleine Geschichte, die er später erzählen konnte, wurde für ihn zu einem Schatz, der ihn reicher und lebendiger machte. Er wusste, dass Humor ihm eine Kraft verlieh, die weit über jede Strategie und jede innere Anstrengung hinausging. Diese Freude, diese Leichtigkeit, machte ihn stark, widerstandsfähig und frei.

So setzte der Krieger seine Reise fort, mit einem Lächeln auf den Lippen und einem offenen Herzen. Der Ernst, den er zuvor gespürt hatte, war gewichen und machte Platz für eine neue, befreiende Freude. Und jedes Mal, wenn er sich wieder allzu sehr in seine eigene Rolle als Krieger, als Suchender, als Weisheitsliebender hineinsteigerte, dachte er an den grummeligen Hirsch und spürte das Lachen in sich aufsteigen. Humor war sein bester Verbündeter, sein innerer Freund, der ihm immer wieder ins Gedächtnis rief, dass das Leben, in all seiner Tiefe und Schönheit, nichts anderes war als ein großes, herrliches Abenteuer.

Für den Krieger ist Humor eine Erinnerung daran, das Leben leichter zu nehmen, zuspielen, zu tanzen und manchmal auch zu stolpern. Er weiß, dass das Leben ihn weiterhin prüfen wird, ihm Herausforderungen schicken wird – doch solange er seinen Humor behält, solange er den Mut hat, über sich selbst zu lachen, weiß er, er ist unbesiegbar. Denn das Lachen macht ihn wahrhaftig frei.

Das innere Feuer

Das innere Feuer des spirituellen Kriegers ist kein gewöhnliches Feuer. Es ist nicht nur Leidenschaft oder ein flüchtiger Funke der Motivation, es ist wie eine tiefe Flamme, die in der Essenz jedes Kriegers lodert und ihn antreibt, auch wenn alle äußeren Umstände gegen ihn sprechen.

Dieses Feuer ist mehr als nur einfache Kraft, es ist der ständige Begleiter, der ihm Mut gibt, wenn er vor scheinbar unüberwindbaren Herausforderungen steht, der ihn stützt, wenn alles andere ihn verlassen hat. Es ist einfach so viel mehr.

Stell dir dieses innere Feuer als eine Glut vor, die leise in dir brennt, die nicht auf äußere Bedingungen angewiesen ist, sondern aus deinem tiefsten Kern stammt. Es ist eine Flamme, die all die Dinge erleuchtet, die wir oft übersehen. Die tieferen Sehnsüchte, die ungelebten Träume, die Gedanken, die wir im Alltag oft verdrängen.

Dieses Feuer ist dein wahrstes Selbst, das sich in jeder deiner Handlungen, Entscheidungen und Begegnungen ausdrücken will. Deshalb ist es auch pures Leben und es ist nicht da, um zu zerstören, sondern um zu wandeln, um all die alten Muster und Ängste zu verbrennen, die dich zurückhalten.

Für mich fühlt sich dieses Feuer an wie ein unerschütterlicher Begleiter. Es ist die Kraft, die mich daran erinnert, warum ich überhaupt auf diesem Weg bin, die mich durchzieht, wenn ich vor der Entscheidung stehe, weiterzugehen oder aufzugeben. Es ist die Flamme, die leise in mir flackert, selbst in den dunkelsten Momenten, und mir zeigt: „Da ist mehr, du hast noch mehr in dir.“

Dieses innere Feuer des Kriegers wird durch Mut und Hingabe am Leben gehalten. Doch dieser Mut ist nicht einfach die Abwesenheit von Angst. Nein, Mut bedeutet, sich trotz der Angst zu bewegen, das zu tun, was uns das Herz sagt, auch wenn der

Verstand uns zur Umkehr rät. Hingabe bedeutet für mich, mich dem Leben vollständig hinzugeben, auch wenn der Weg holprig und schwer erscheint. Es ist die Bereitschaft, sich selbst zu vergessen, sich einer Sache mit Herz und Seele zu widmen.

Mut und Hingabe sind die Nahrung dieses inneren Feuers. Ein Krieger, der sich voll und ganz auf seine Reise einlässt, spürt, wie das Feuer in ihm entfacht wird. Er spürt, dass es seine Liebe zur Wahrheit, seine Bereitschaft, die Herausforderungen des Lebens anzunehmen, sind, die das Feuer immer stärker lodern lassen. Und wenn dieses Feuer wächst, wird es zur treibenden Kraft, die den Krieger weiter trägt, tiefer hinein in das Leben und in sein eigenes Wesen.

Dieses besondere Feuer hat die wunderbare Eigenschaft, zu reinigen und zu verwandeln. Es ist die Flamme, die uns dazu bringt, den eigenen Schatten zu begegnen, ohne sich davor zu fürchten, das Alte abzubrennen, um Raum für Neues zu schaffen. Stell dir vor, du sitzt in der Stille und spürst, wie dieses Feuer alte Überzeugungen, tief verwurzelte Ängste und all die Begrenzungen in dir durchdringt und zu Asche verwandelt. Durch diesen Prozess wird dein Herz klarer und deine Seele immer leichter.

Ich habe selbst oft erlebt, wie heilsam und klärend dieses Feuer sein kann. In Momenten, in denen ich mich verwirrt und verloren fühlte, in denen das Alte nicht mehr passte und das Neue noch nicht sichtbar war, war es das innere Feuer, das mir half, loszulassen. Dieses Feuer zeigt uns, dass wir nichts festhalten müssen und dass jeder Abschied, jedes Loslassen ein Akt der Reinigung ist.

Aber es ist auch eine Ausdrucksform der Liebe zum Leben. Es ist diese tiefe, unerschöpfliche Kraft, die uns nach dem „Scheitern" immer wieder aufstehen lässt, die uns selbst in den schwierigsten Momenten zeigt, dass das Leben eine Gabe ist.

Wenn der Krieger aus diesem Feuer der Liebe heraus lebt, dann lebt er in seiner vollsten Kraft. Er ist dadurch in der Lage, Hindernisse zu überwinden, sich selbst treu zu bleiben und in den dunkelsten Zeiten Licht zu bringen. Dieses gilt für sich selbst und für andere.

Diese Liebe, die das innere Feuer antreibt, ist nicht sentimental, sie ist nicht abhängig von äußeren Umständen. Es ist die tiefe Verbindung zur Welt und vor allen Dingen zu sich selbst, die uns durch alles trägt, die uns befähigt, Mitgefühl und Vergebung in uns zu kultivieren, die uns lehrt, dass das Leben trotz allem wertvoll und wunderschön ist.

Für mich ist dieses innere Feuer auch immer wie ein Kompass, eine Art Leuchtfeuer, das mir zeigt, in welche Richtung ich gehen soll. Es leitet mich, wenn ich unsicher bin, es ist wie ein warmes Licht, das mir sagt: „Vertraue. Du bist auf dem richtigen Weg." Gerade in Momenten, in denen ich die äußere Orientierung verliere, in denen sich Zweifel und Unsicherheit in mein Herz schleichen, zeigt mir dieses Feuer, dass ich bereits alles in mir habe, was ich brauche.

Ich habe immer wieder festgestellt, dass mein inneres Feuer besonders dann hell leuchtet, wenn ich meinem Herzen folge, wenn ich die Erwartungen der Welt hinter mir lasse und auf meine eigene Stimme höre. In diesen Momenten spüre ich, dass ich nicht fehlgeleitet bin, sondern mich auf meinem eigenen, einzigartigen Weg befinde.

Nicht zu vergessen ist, dass das innere Feuer aber auch Pflege und Schutz erfordert. Es kann nicht ewig brennen, wenn wir es ignorieren oder seine Flamme durch Zweifel und Angst ersticken. Für den Krieger ist es eine lebenslange Aufgabe, dieses Feuer am Leben zu halten – sich immer wieder zu fragen, was es braucht, um zu leuchten. Es lebt von Authentizität, von der Bereitschaft, ehrlich zu sich selbst zu sein, und von der Kraft, sich nicht von äußeren Erwartungen leiten zu lassen.

Es ist die unerschöpfliche Quelle, die den Krieger in seiner Essenz berührt und ihn daran erinnert, dass er mehr ist als die Rolle, die er spielt, mehr als die Maske, die er trägt. Wenn er in Übereinstimmung mit diesem inneren Feuer lebt, dann lebt er wirklich, dann entfaltet sich das Leben in seiner tiefsten Bedeutung.

Das innere Feuer des spirituellen Kriegers ist aber auch immer wieder eine Reise zu sich selbst, eine Rückkehr zu seiner Essenz. Es ist eine Erinnerung daran, dass das Leben, in all seinen Facetten, ein Weg ist, der uns immer wieder zur Wahrheit führt. Dieses Feuer ist das, was uns alle verbindet, was uns trägt und uns zeigt, dass wir in jedem Moment die Möglichkeit haben, uns selbst treu zu sein und unser Leben in voller Tiefe zu erfahren.

Deshalb, in jedem von uns brennt dieses Feuer. Es ist das Geschenk des Lebens selbst, die unerschöpfliche Quelle der Kraft, der Liebe und des Lichts, die uns durch alles trägt und die uns daran erinnert, dass wir auf einem Weg sind – einem Weg, der uns, wenn wir uns ihm voll und ganz hingeben, zur tiefsten Wahrheit unseres Seins führt. Der viel erwähnte „Weg mit Herz".

Die Reise ins Innere

Tief in uns drinnen liegt eine Welt verborgen,
eine Welt voller Schätze und Geheimnisse.
Eine Welt, die uns zeigt,
wer wir wirklich sind und was wir wirklich können.

Auf der Reise ins Innere können wir uns öffnen,
unsere Ängste und Zweifel hinter uns lassen.
Wir können uns selbst finden,
und uns mit der Kraft des Universums verbinden.

Doch die Reise ins Innere ist keine einfache,
sie erfordert Mut und Ausdauer.
Wir müssen uns unseren Schatten stellen,
und uns mit dem Unbekannten auseinandersetzen.

Auf der Reise ins Innere finden wir auch Licht,
eine Quelle der Hoffnung und des Friedens.
Eine Quelle, die uns zeigt,
dass wir immer einen Weg finden werden.

Lass diese Reise ins Innere dich tief berühren,
lass sie dich mit ihrer Stärke erfüllen.
Lass sie dich auf deinem Weg begleiten,
und dir die Weisheit geben, die du brauchst.

Die Reise ins Innere ist eine Quelle der Transformation,
eine Quelle der Erneuerung und des Wachstums.
In ihr finden wir Suchenden unsere Wahrheit,
und die Freiheit, die wir brauchen, um zu leben.

Lass die Reise ins Innere dich tief berühren,
und lass sie dich zu neuen Erlebnissen führen.
Denn in der Reise ins Innere steckt die Magie des Lebens,
die Magie, die uns alle verbindet.

Übung

Dein Inneres Feuer Entfachen – Der Tanz mit der Flamme

Diese Übung bringt dich in direkten Kontakt mit deinem inneren Feuer. Sie kombiniert Bewegung, Visualisierung und Klang, um deine innere Kraft zu aktivieren und das Feuer in dir zu entfachen.

1. Finde deinen heiligen Raum

Wähle einen Ort, an dem du ungestört bist. Vielleicht ein Platz in der Natur, ein ruhiges Zimmer oder ein Bereich, den du mit Kerzen oder Räucherwerk vorbereitest. Stell dich aufrecht hin, schließe die Augen und atme tief durch.

2. Spüre das Feuer in dir

Lege eine Hand auf dein Herz, die andere auf deinen Bauch. Stell dir vor, dass tief in deinem Zentrum – in deinem Solarplexus oder deinem Herzen – eine kleine Flamme lodert. Sie ist warm, kraftvoll und voller Energie. Spüre, wie sie mit jedem Atemzug stärker wird.

3. Bewegung: Die Flamme tanzt

Lass deinen Körper sich langsam bewegen, als würde die Flamme in dir dich führen. Vielleicht beginnst du, dich sanft zu wiegen, vielleicht wächst daraus eine kraftvollere Bewegung. Erlaube deinem Körper, das Feuer zu spüren – ob durch fließende, sanfte Bewegungen oder durch kraftvolle Gesten.

 Tipp: Falls du magst, spiele rhythmische Musik, die dein inneres Feuer verstärkt. Trommelschläge oder schamanische Musik können besonders wirkungsvoll sein.

4. Stimme aktivieren: Dein Feuerruf
Nimm nun deine Stimme hinzu. Brumme, summe oder töne ein tiefes Geräusch, das dein Feuer spürbar macht. Vielleicht willst du ein lautes, kraftvolles „HA!" oder so ausstoßen, um das Feuer in dir zu wecken. Spüre, wie dein Körper darauf reagiert – wie die Flamme in dir wächst, stärker wird.

5. Die Botschaft deines Feuers
Bleibe in Bewegung, aber frage nun dein inneres Feuer:

„Was willst du mir sagen?"

Welche Botschaft hat es für dich?

Gibt es etwas, das es dir zeigen will?

Lass dein Herz antworten, ohne nachzudenken. Vielleicht spürst du Mut, Klarheit oder ein Bild taucht auf – alles ist willkommen.

6. Integration: Das Feuer tragen
Komme langsam wieder zur Ruhe. Stehe still und spüre nach. Dein inneres Feuer brennt nun bewusst in dir – nimm diese Energie mit in deinen Alltag. Um es wachzuhalten, kannst du:

Jeden Morgen die Flamme visualisieren.

Eine kraftvolle Bewegung oder Geste als Ritual nutzen.

Ein Symbol (z.B. ein Amulett) tragen, das dich erinnert.

Dein inneres Feuer ist immer da. Es brennt für dich, es stärkt dich – und es leitet dich auf deinem Weg. Geh mit dieser Kraft.

Die äußere Reise des Kriegers

"Der Weg des Kriegers ist nicht der der Zerstörung, sondern der des Wiederaufbaus. Durch das Durchschreiten der Dunkelheit lernt der Krieger, wie man Licht in die Welt bringt, und sein Mut liegt in der Bereitschaft, immer wieder aufzustehen, wenn er gefallen ist."

Ein Tanz von Bewusstsein und Mitgefühl

Die Welt ist für den Krieger mehr als ein Ort, den er bewohnt, sie ist sein Spiegel, ein lebendiger Raum, in dem er sich selbst immer wieder neu entdeckt und reflektiert.

Der Krieger steht in einem ständigen, feinen Wechselspiel zwischen seinem Inneren und der äußeren Welt. Für ihn ist das Leben kein starrer Zustand und kein Ziel, das man einmal erreicht und dann zur Ruhe kommt. Nein, für ihn ist das Leben ein unendlicher, fließender Prozess – ein Tanz des Wachsens, Lernens und Wirkens, der niemals stillsteht. Jede Einsicht, jede Lektion, die er auf seinem Weg zu sich selbst erfährt, drängt danach, sich auszudrücken, in seine Handlungen, seine Worte und seine Art, die Welt zu sehen, einzufließen.

Mit jedem Atemzug weiß er durch seine Gedanken, seine Worte und seine Taten die Welt zu gestalten. Jede Begegnung, jedes Gespräch, jedes Lächeln und jede Geste wird zu einem bewussten Tanz, in dem er wählt, wie er sich bewegt, wie er reagiert und was er in die Welt hinausgibt. Für ihn ist es eine kostbare Freiheit, dieses Geschenk, sich selbst in allem wiederzufinden, was ihm begegnet – die Menschen, die ihn umgeben, die Herausforderungen, die ihm gestellt werden, die Augenblicke, in denen sich Freude und Schmerz abwechseln. Alles wird für ihn zu einem Spiegel seines eigenen Wesens, und doch versteht er, dass er nicht einfach ein Spielball der äußeren Umstände ist.

Er spürt eine tiefe Kraft in sich, eine Kraft, die aus der Liebe zu sich selbst und zur Welt erwächst und die ihn befähigt, bewusst zu wählen, wie er mit allem umgeht, was ihm begegnet. Für den Krieger liegt seine größte Stärke nicht in der Fähigkeit, seine Umgebung zu kontrollieren, sondern in seiner Verbindung zu seinem Herzen. Dieses Herz ist das Zentrum seiner Kraft, der Ort, aus dem heraus er immer wieder neue Energie schöpft.

Es ist das Herz, das ihm den Mut gibt, in jeder Begegnung das Gute, das Wertvolle und das Verbindende zu suchen. Und es ist das Herz, das ihm Mitgefühl schenkt, das ihn daran erinnert, dass jeder Mensch, jede Situation, die ihm begegnet, mit Liebe und Achtsamkeit betrachtet werden möchte.

In dieser inneren Haltung findet der Krieger seine wahre Freiheit. Mitgefühl ist für ihn keine Schwäche, sondern eine Stärke, die ihm die Augen öffnet für das, was wirklich zählt. In jedem Menschen sei es Freund, Fremder oder sogar ein Feind, erkennt er einen Aspekt von sich selbst. In jeder Begegnung, in jedem Gespräch, in jedem Moment, fragt er sich: „Wie kann ich in diesem Augenblick Liebe und Verständnis schenken? Wie kann ich in dieser Situation zum Frieden beitragen?" Diese Fragen werden zu seinem inneren Leitfaden, zur leisen Stimme, die ihm den Weg zeigt und ihm hilft, auch in den schwierigsten Momenten die Verbindung zu sich selbst und zu den Menschen um ihn herum nicht zu verlieren.

In seinen Beziehungen und Gemeinschaften ist der Krieger wie ein Leuchtturm, eine stille, aber beständige Kraft. Menschen fühlen sich von ihm angezogen, nicht weil er makellos oder perfekt wäre, sondern weil er aufrichtig ist. Er versucht nicht, anderen etwas vorzumachen oder eine Rolle zu spielen. Er zeigt sich in seiner ganzen Menschlichkeit, mit all seinen Schwächen und Stärken, und steht dazu, wenn er Fehler macht. Doch was ihn besonders auszeichnet, ist seine Bereitschaft, immer wieder nach Harmonie zu streben – selbst dann, wenn die Umstände schwierig sind, wenn Spannungen und Missverständnisse die Luft verdichten. Er weiß, dass wahre Stärke darin liegt, liebevoll und mit Bedacht zu handeln, auch wenn das Leben stürmisch wird. Diese innere Ruhe und Entschlossenheit sind für ihn wie ein Anker, ein Fels in der Brandung, der ihm und den Menschen um ihn herum Stabilität und Orientierung gibt.

Und dann sind da seine Worte – diese Worte, die er niemals leichtfertig wählt, die er mit Bedacht und aus der Tiefe seines Wesens heraus formt. Der Krieger hat verstanden, dass Worte eine besondere Kraft besitzen. Sie sind mehr als bloße Werkzeuge der Kommunikation; sie sind Energien, die die Welt formen können. Jedes

Wort, das er spricht, hat die Fähigkeit, eine Atmosphäre zu schaffen – eine Atmosphäre von Frieden oder Unruhe, von Klarheit oder Verwirrung. Deshalb wählt er seine Worte weise, spricht nur, wenn es wirklich nötig ist, und wenn er spricht, dann tut er dies mit einer Klarheit und einem Mitgefühl, das aus der Tiefe seiner Seele kommt. Er weiß, dass jedes Wort wie ein Samen ist, den er in die Welt pflanzt, und dass die Worte, die aus einem liebenden Herzen kommen, eine Kraft besitzen, die weit über den Moment hinausgeht.

Folgende Geschichte erzählt von einem solchen Moment. Eines Tages befand sich der Krieger auf einem Marktplatz, umgeben von Menschen, die eilig ihren Geschäften nachgingen, gefangen in der Hektik des Alltags. Da hörte er eine laute Diskussion, eine hitzige Auseinandersetzung zwischen zwei Menschen, die sich in ihrem Zorn immer mehr steigerten. Die Worte flogen wie Pfeile hin und her, die Atmosphäre war aufgeheizt, und die Menschen um sie herum wurden unruhig, einige schauten betreten zur Seite, andere waren neugierig auf das Spektakel. Der Krieger spürte die Spannung in der Luft, er sah die Gesichter der Menschen, sah die Wut und das Unverständnis in den Augen der beiden Streithähne. Er trat einen Schritt vor, hob die Hand – eine kleine, sanfte Geste, die kaum auffiel, und doch schien sie wie ein sanfter Hauch, der die aufgeladene Luft beruhigte. Die beiden sahen ihn an, überrascht, ihre Stimmen verstummten. Mit ruhiger, klarer Stimme sagte der Krieger: „Vielleicht hören wir für einen Moment auf, über das zu reden, was uns trennt, und lauschen dem, was uns verbindet." Diese Worte waren wie ein Tropfen des Friedens, der in das brodelnde Wasser fiel. Die beiden Menschen schwiegen, die Spannung löste sich, und in der Stille entstand ein Raum, in dem Verständnis und Versöhnung möglich wurden.

Dieser Moment war kein Triumph, kein Beweis seiner Macht oder seiner Überlegenheit. Es war für ihn einfach ein Ausdruck dessen, was es bedeutet, in der Welt zu sein und seine Wahrheit zu leben. Er wusste, dass seine Aufgabe nicht darin lag, andere zu belehren oder zu verändern, sondern einfach, Frieden in die Welt zu bringen, in jedem kleinen Moment, in jeder Begegnung. Für ihn ist jede Interaktion eine

Gelegenheit, ein wenig Licht in die Welt zu bringen, ein Stück Liebe zu schenken und den Menschen um ihn herum das Gefühl zu geben, dass sie gesehen und verstanden werden.

So geht der Krieger weiter, mit einem offenen Herzen und einem ruhigen Geist, wissend, dass jede Begegnung, jede Handlung und jedes Wort eine Wirkung hat, die weit über den Moment hinausreicht. Der Tanz, den er mit der Welt tanzt, ist kein Tanz der Kontrolle oder des Machtstrebens. Es ist ein Tanz der Hingabe, ein Tanz des Mitgefühls und des Bewusstseins, ein Tanz, der ihm immer wieder zeigt, dass er die Welt verändern kann, nicht durch Gewalt oder Zwang, sondern durch die stille, beständige Kraft seines eigenen Herzens.

Für den Krieger ist das Leben ein tiefes, bedeutungsvolles Abenteuer, ein Weg, auf dem er immer wieder neu lernt, was es heißt, wirklich zu lieben und wirklich da zu sein – für sich selbst und für die Menschen, die ihm begegnen. Und so lebt er weiter, immer bereit, sich selbst und der Welt zu begegnen, in dem Wissen, dass jede Begegnung, jedes Wort, jeder Blick eine Chance ist, etwas Echtes zu geben und das Leben ein wenig heller zu machen.

Die Erde als Lehrmeisterin

Die Natur ist mehr als nur eine Kulisse oder ein Mittel zur Erholung. Sie ist sein Verbündeter, seine Lehrerin, ein lebendiger Spiegel seiner selbst. Er spürt die Verbindung zur Erde, zu den Wäldern, den Flüssen, den Bergen und den Tieren als etwas
Tieferes – als ein Gefühl, das ihn in jedem Moment begleitet und ihm das Bewusstsein gibt, nie wirklich allein zu sein. Diese Verbindung zur Natur ist für ihn ein Puls,
eine Kraft, die ihn durch das Leben trägt und ihm die Weisheit und Stärke verleiht,
die er auf seinem Weg braucht.

Der Krieger empfindet die Erde nicht als etwas, das man besitzen oder beherrschen
könnte. Für ihn ist die Erde selbst ein lebendiges Wesen, durchdrungen von uralter
Weisheit. Diese Weisheit spricht nicht laut, sondern flüstert in den Bewegungen
des Windes, im Rauschen eines Wasserfalls, in den leisen Schritten eines Fuchses
durch das Laub. Er erkennt diese Zeichen und weiß, sie leiten ihn, ihm Mut zuspre-
chen oder ihm etwas über sich selbst offenbaren.

Wenn er morgens aufsteht und den ersten Schritt hinaus in die Welt macht, fühlt
er den Boden unter seinen Füßen und atmet die Luft ein. In diesem Moment spürt
er eine tiefe Dankbarkeit dafür, Teil dieser lebendigen, atmenden Welt zu sein. Er
erinnert sich daran, dass er aus demselben Staub und denselben Winden gemacht
ist wie die Bäume, die sich über ihm erheben, wie die Sterne, die sich nachtsüber
ihm ausbreiten. Alles ist verbunden, und dieses Wissen gibt ihm eine unerschütterliche Kraft.

In Zeiten des Zweifels, wenn sich seine Gedanken verwirren und sein Herz schwer
wird, zieht sich der Krieger in die Stille der Natur zurück. An einem Flussufer sitzend,
während das Wasser unaufhörlich fließt, findet er Ruhe und Klarheit.

Das unermüdliche Rauschen des Flusses lehrt ihn, dass alles vorübergeht, jede
Sorge nur ein flüchtiger Moment ist im großen Strom des Lebens. Die Natur erinnert

ihn daran, Teil dieses Flusses zu sein und sein Weg, so steinig er auch sein mag, ihn immer weiterführen wird.

Die Natur wird für ihn zu einem Spiegel, in dem er sich selbst erkennen kann. Wenn er den Kreislauf der Jahreszeiten beobachtet – das Wachsen und Vergehen, das ständige Werden und Vergehen –, sieht er darin auch seinen eigenen Wandel und sein eigenes Wachstum. Die Erde lehrt ihn Geduld und Vertrauen, denn er sieht, dass nach jedem Winter der Frühling kommt, nach jeder Dunkelheit wieder das Licht.

Diese tiefe Naturverbundenheit zeigt sich nicht nur in den großen Momenten, sondern in den kleinen, alltäglichen Gesten. Der Krieger nimmt nur das, was er braucht, und schenkt der Erde zurück, was er kann. Er verschwendet nichts, lebt bewusst und achtet auf die Spuren, die er hinterlässt. Er weiß, sein Leben ist ein Kreislauf, und jedes bisschen Respekt, das er der Erde entgegenbringt, zu ihm zurückkehrt. Der Schutz der Natur ist für ihn keine Aufgabe oder Verpflichtung – es ist eine Form der Dankbarkeit, ein Ausdruck der Liebe und des Respekts, die er für das Leben empfindet.

In den Traditionen vieler alter Kulturen wird die Natur als ein Spiegel der inneren Welt betrachtet. Auch der Krieger versteht, dass das, was er draußen erlebt, oft nur ein Abbild dessen ist, was in ihm selbst vorgeht. Wenn er mit Zerstörung und Chaos in der Welt konfrontiert wird, wendet er sich nach innen und fragt sich: „Welches Chaos herrscht in mir?" Diese Reflexion führt ihn zu einer tiefen Selbsterkenntnis, die es ihm ermöglicht, sich selbst zu heilen und durch diese Heilung auch die Welt ein Stück besser zu machen.

Er lebt in einer Welt voller Wunder und Zeichen. Ein einfaches Blatt, das im Herbst zu Boden fällt, erinnert ihn daran, dass alles Vergängliche einen Sinn hat. Der Ruf eines Vogels am Morgen, das sanfte Rauschen der Bäume im Wind – all das sind für ihn Botschaften, die ihm immer wieder ins Bewusstsein rufen, das Leben ist voller

Wunder. Und so geht er seinen Weg, geleitet von der Weisheit der Natur, in dem Wissen, dass er nie wirklich allein ist und dass die Erde selbst mit jedem seiner Schritte mitschwingt.

Die Verbindung mit der Natur

Die Natur ist eine Quelle der Kraft und der Weisheit,
eine Quelle, die uns zeigt, wie wir leben sollten.

Sie ist eine Quelle der Liebe und des Friedens,
eine Quelle, die uns zeigt, wie wir lieben sollten.

Auf der Reise durch die Natur können wir uns öffnen,
unsere Sinne schärfen und unsere Intuition stärken.
Wir können uns mit der Welt um uns herum verbinden,
und uns von der Schönheit und der Stärke inspirieren lassen.

Doch die Verbindung mit der Natur ist keine einfache,
sie erfordert Zeit und Geduld.
Wir müssen uns auf sie einlassen,
und bereit sein, ihre tiefen Botschaften zu hören.

Auf der Reise durch die Natur finden wir auch Frieden,
eine Quelle des Trostes und der Heilung.
Eine Quelle, die uns zeigt,
dass wir Teil von etwas Größerem sind.

Lass dich von der Natur im Herzen berühren.
Lass sie dich mit ihrer Schönheit erfüllen.
Lass sie dich auf deinem Weg begleiten,
und dir die Erkenntnisse geben, die du brauchst.

Denn die Verbindung mit der Natur ist eine Quelle des Lebens,
eine Quelle der Erneuerung und der Regeneration.
In ihr finden wir unsere Wahrheit,
und die Freiheit, die wir brauchen, um wirklich zu leben.

Lass die Verbindung mit der Natur dich berühren,
und lass sie dich zu neuen Erlebnissen führen.
Denn in der Verbindung mit der Natur steckt die Magie des Lebens,
die Magie, die uns alle verbindet.

Der Dienst am großen Ganzen

Für den spirituellen Krieger ist das Leben ein großes Geschenk, das ihm die Möglichkeit gibt, Teil von etwas Größerem zu sein. Er spürt tief in sich, dass sein Dasein einen höheren Zweck hat. Es geht nicht darum, eigene Bedürfnisse und Wünsche zu erfüllen, sondern darum, das Licht, das er in sich trägt, in die Welt hinauszutragen – ganz egal, wie groß oder klein sein Beitrag erscheint. Dieser Dienst am Großen Ganzen ist kein Zwang oder eine Last, die er trägt, sondern eine Berufung, die ihn erfüllt und ihn über das Alltägliche hinaushebt.

Jeden Tag, in jeder Begegnung, hat der Krieger die Wahl, ob er nur für sich selbst oder für das Wohl aller handeln möchte. Diese Entscheidung trifft er nicht einmal, sondern immer wieder neu – mit jeder kleinen und großen Tat, mit jedem Wort, das er spricht, mit jedem Gedanken, den er hegt. Und in dieser Wahl liegt eine unglaubliche Kraft: die Freiheit, seine eigenen Grenzen zu überwinden und Teil von etwas Größerem zu sein.

Der Dienst am Großen Ganzen zeigt sich für ihn oft in kleinen, stillen Momenten. Ein offenes Ohr für einen Freund, der Trost sucht. Ein liebevoller Blick, der einem Fremden zeigt, dass er gesehen wird. Eine helfende Hand, die einen schweren Weg ein wenig leichter macht. Für den Krieger sind das keine Pflichten, sondern Möglichkeiten, Liebe und Mitgefühl in die Welt zu bringen. Diese kleinen Gesten mögen nach außen unscheinbar wirken, aber er weiß, jede von ihnen ist eine Welle des Lichts, die sich weiter und weiter ausbreitet und letztlich mehr bewirken kann, als er je ahnen würde.

Doch sein Dienst geht über die alltäglichen Gesten hinaus. Der Krieger weiß, dass es auch die großen Momente gibt – die Momente, in denen er aufstehen muss, auch wenn es Mut kostet. Wenn er Ungerechtigkeit sieht, wenn er auf Leid und Unterdrückung trifft, dann zögert er nicht, seine Stimme zu erheben und einzutreten für das, was richtig ist. Er tut dies jedoch nicht aus Zorn oder Hass. Sein Herz kennt keinen Platz für solche Gefühle, denn er weiß, dass wahre Veränderung nur durch Liebe und Mitgefühl entsteht. Er kämpft, aber er kämpft aus einer unerschütterlichen Liebe zur Menschheit heraus, aus einer tiefen Sehnsucht nach Frieden und Harmonie. Sein wahrer Kampf findet nicht auf Schlachtfeldern statt, sondern in den Herzen der Menschen, wo er die Dunkelheit mit Licht erfüllt.

Verantwortung ist kein auferlegtes Gewicht, sondern ein bewusst gewählter Pfad. Es ist ihm ein Bedürfnis, Verantwortung zu übernehmen – nicht nur für sich selbst, sondern für alle, die seinen Weg kreuzen, und letztlich für die ganze Welt. Er versteht, dass echte Freiheit nur durch Verantwortung entsteht. Indem er sich dieser Verantwortung stellt, wird er frei, das Beste in sich selbst zu entfalten und die Welt zu einem besseren Ort zu machen.

Jeden Tag sieht er die Welt mit offenen Augen und einem offenen Herzen, und jeder Tag bringt ihm eine neue Gelegenheit, seinen Dienst zu erfüllen. Manchmal ist dieser Dienst eine kleine Tat, ein liebevolles Lächeln, ein Wort des Trostes. Und manchmal ist es ein mutiger Schritt, ein Aufstehen gegen das Unrecht, eine Entscheidung, die ihm alles abverlangt. Doch in jedem dieser Momente fühlt er sich erfüllt, denn er weiß, dass er damit Licht in die Welt bringt. Licht, das vielleicht nur einen Funken groß ist, aber dennoch die Dunkelheit durchdringen kann.

Der Krieger geht seinen Weg in dem Wissen, dass sein Dienst niemals endet. Es gibt keinen Punkt, an dem er sagen könnte: „Nun habe ich genug getan." Sein Herz sehnt sich danach, zu geben, immer wieder, ohne zurückzuschauen oder eine Gegenleistung zu erwarten. Diese Hingabe gibt ihm Kraft, denn er weiß, jeder Akt der Liebe, so klein er auch sein mag, ist ein Teil des Großen Ganzen.

Übung für den Alltag

Der eine bewusste Moment

Diese Übung ist einfach, alltagstauglich und braucht keine zusätzliche Zeit. Sie integriert sich mühelos in dein tägliches Leben, ohne dass du etwas an deinem Tagesablauf ändern musst.

1. Wähle einen bewussten Moment pro Tag
Jeden Tag gibt es einen einzigen Moment, in dem du dich bewusst entscheidest, einen kleinen Dienst am Großen Ganzen zu leisten. Das kann etwas ganz Simples sein:

Jemandem wirklich aufmerksam zuhören, ohne ihn zu unterbrechen.

Einen ehrlichen Dank aussprechen – an jemanden, den du vielleicht sonst übersehen würdest.

Einen kleinen Moment der Freundlichkeit schenken – ein Lächeln, eine Geste der Unterstützung, eine helfende Hand.

In Gedanken jemandem Frieden oder Kraft senden, auch wenn du nichts sagst oder tust.

Wichtig: Es geht nicht um große Gesten oder Pflichten, sondern um eine bewusste, kleine Tat, die dir leichtfällt.

2. Kurz innehalten und spüren

Nachdem du deinen bewussten Moment erlebt hast, halte für drei Atemzüge inne.

Spüre, was diese kleine Handlung mit dir gemacht hat.

Fühle nach, ob sich etwas in dir verändert hat – ein Gefühl von Verbundenheit, Wärme oder innerer Ruhe.

Erkenne: Auch das Kleine hat Kraft.

3. Loslassen – ohne Erwartung

Nach diesem Moment gehst du einfach weiter durch deinen Tag, ohne darüber nachzudenken oder eine Reaktion zu erwarten. Es geht nicht darum, dass jemand dein Tun bemerkt oder würdigt – dein Moment war für dich und das Große Ganze.

Warum diese Übung?

Diese Übung hilft dir, deinen Dienst an der Welt nicht als Bürde, sondern als natürliche, einfache Handlung zu sehen. Sie zeigt dir, dass es nicht darum geht, perfekt oder ständig „gebend" zu sein – sondern darum, bewusst einen kleinen Funken Licht in die Welt zu setzen.

Extra-Herausforderung: Wenn du möchtest, versuche für eine Woche, jeden Tag einen anderen Weg zu wählen, um dein Licht in die Welt zu bringen. Vielleicht zeigt sich dabei eine Art von Dienst, die dir besonders leichtfällt und dich erfüllt.

Die äußere Reise, oder ein Weg ohne Ende

Die äußere Reise des Kriegers ist keine gewöhnliche Reise; sie ist eine ewige Bewegung, eine ständige Entfaltung, die ihn immer wieder in neue Herausforderungen, Begegnungen und Erkenntnisse führt. Nachdem der Krieger die tiefen Abgründe seiner eigenen Seele durchwandert hat und sich mit seinen Ängsten, Schwächen und Schattenseiten auseinandergesetzt hat, tritt er hinaus in die Welt – und das mit einer Entschlossenheit, die ihn antreibt, das Gelernte nicht für sich zu behalten, sondern zu teilen, zu leben und damit einen Unterschied zu machen. Diese Reise nach außen ist für ihn genauso bedeutsam wie die innere Reise, doch sie erfordert einen anderen Mut, eine andere Form der Hingabe.

Auf seiner äußeren Reise begegnet der Krieger den Realitäten des Lebens. Er sieht die Schmerzen und das Leid, die Widersprüche und Ungerechtigkeiten, die in der Welt existieren. Doch anstatt sich davon überwältigen zu lassen oder in Resignation zu verfallen, nimmt er diese Herausforderungen an. Er weiß, dass sein Weg nicht darin besteht, der Dunkelheit aus dem Weg zu gehen, sondern sein Licht gerade dort zu tragen, wo es am meisten gebraucht wird. Für den Krieger ist das nicht einfach – denn er begegnet auch seiner eigenen Verletzlichkeit, seinen eigenen Grenzen und Zweifeln. Doch in diesen Momenten erinnert er sich daran, dass es genau das ist, was ihn menschlich macht und dass sein Dienst am Großen Ganzen ihn über seine eigenen Begrenzungen hinauswachsen lässt.

Die äußere Reise fordert eine Form von Mut, die über das rein Körperliche hinausgeht. Es ist ein Mut, der auf dem Vertrauen in das eigene Herz, in die eigene Wahrheit basiert. Der Krieger stellt sich nicht nur äußeren Konflikten, sondern vor allem den inneren Prüfungen, die mit diesen Herausforderungen einhergehen. Wenn er auf Widerstände stößt oder auf Menschen, die seine Wege und Überzeugungen in Frage stellen, bleibt er ruhig und zentriert. Er weiß, dass jede Konfrontation, jeder Zweifel eine Gelegenheit ist, sein inneres Gleichgewicht zu finden und sich daran zu erinnern, warum er diesen Weg gewählt hat.

In jeder Handlung, die der Krieger in der äußeren Welt unternimmt, lebt er das Bewusstsein, alles ist miteinander verbunden ist. Er betrachtet jedes Wort, das er spricht, jede Tat, die er vollbringt, als Samen, den er in die Welt pflanzt. Und er weiß, jeder Samen trägt irgendwann Früchte, die nicht nur sein eigenes Leben, sondern das Leben vieler Menschen berühren können. Diese Verantwortung nimmt er ernst, aber sie belastet ihn nicht – im Gegenteil, sie erfüllt ihn mit einer tiefen Freude. Denn er erkennt, sein Dienst in der Welt ist eine Möglichkeit, seine eigene Seele zu entfalten und gleichzeitig das Leben anderer Menschen zu bereichern.

Die äußere Reise des Kriegers ist niemals statisch. Sie ist ein fortlaufender Prozess des Wachsens und Lernens. Der Krieger ist sich bewusst, dass es in der Welt eine unendliche Weisheit gibt, die er niemals vollständig erfassen kann. Doch anstatt sich von dieser Unvollständigkeit entmutigen zu lassen, begrüßt er sie mit einem offenen Herzen. Für ihn bedeutet das Leben, ständig dazuzulernen, seine Perspektiven zu erweitern und die Weisheit, die er in sich trägt, zu vertiefen. Seine äußere Reise wird zu einem ständigen Tanz zwischen dem Bekannten und dem Unbekannten. Er begegnet Menschen, die ihn inspirieren, ihn herausfordern und ihn an die Grenzen seiner eigenen Überzeugungen bringen. Doch anstatt sich in seinen eigenen Ansichten zu verhärten, bleibt er offen. Er erkennt, dass jeder Mensch, dem er begegnet, ihm etwas über sich selbst und die Welt lehren kann. Und so wird seine äußere Reise auch zu einer Reise des Mitgefühls – einer tiefen Empathie für das Menschsein in all seinen Facetten.

Der Krieger weiß, sein „Weg mit Herz" hat kein Ziel. Es gibt kein Ankommen, kein Moment des „Jetzt habe ich es geschafft". Diese Erkenntnis bringt ihm eine tiefe innere Ruhe, denn er versteht, das Leben selbst ist die Reise. Jeder Schritt, den er macht, jedes Hindernis, das er überwindet, ist eine Gelegenheit, seine innere Weisheit nach außen zu bringen und die Welt durch seine Handlungen zu berühren. Und so schreitet er voran, wissend, er wird niemals wirklich „fertig" sein, sondern jeder Tag, jeder Augenblick ist eine neue Gelegenheit, sich selbst und die Welt zu entdecken.

Sein Ziel ist nicht die Perfektion oder das Erreichen eines bestimmten Zustands, sondern die Balance – die Balance zwischen innerem Frieden und äußerer Aktion, zwischen dem Bedürfnis zu wachsen und dem Bedürfnis zu dienen. Er weiß, er muß in der Welt handeln, aber dieses Handeln kommt immer aus einer inneren Ruhe und Klarheit heraus. Für ihn ist dies die höchste Form der Meisterschaft, inmitten der Bewegung still zu bleiben, inmitten der Herausforderungen zentriert zu bleiben.

Alles, was ihm auf seiner äußeren Reise begegnet, ist wie ein Spiegel, der ihm etwas über sich selbst zeigt. Die Menschen, denen er begegnet, die Situationen, die ihn fordern, sind wie Spiegel, die ihm seine eigenen Ängste, Hoffnungen und Träume zurückwerfen. Er sieht in diesen Spiegelungen die Gelegenheit, sich selbst besser zu verstehen und weiterzuentwickeln. Wenn er auf Widerstände stößt, fragt er sich: „Was in mir selbst lehnt sich hier auf? Was habe ich noch nicht geheilt?" Diese Reflexion macht seine äußere Reise zu einem ständigen Prozess der Selbsterkenntnis.

Obwohl die äußere Reise des Kriegers kein festes Ziel hat, liegt darin für ihn eine tiefe Erfüllung. Er hat erkannt, dass das Leben kein Zustand ist, den es zu erreichen gilt, sondern eine ständige Bewegung, ein ewiges Werden. Diese Erkenntnis erfüllt ihn nicht mit Unruhe, sondern mit einem tiefen Frieden. Denn er weiß, der Weg selbst ist das Ziel. In jedem Schritt, den er macht, in jeder Begegnung, die er hat, erfährt er die tiefe Einheit zwischen seinem inneren und äußeren Leben. Und in dieser Einheit findet er die tiefste Wahrheit seines Seins, er und die Welt sind eins und alles ist miteinander verbunden, und dass jeder Moment eine Gelegenheit ist, diese Wahrheit zu leben.

So geht der Krieger seinen Weg, ohne je „anzukommen", und doch ist er in jedem Moment angekommen. Denn für ihn ist das Leben selbst der Weg – ein Weg, der ihn immer tiefer zu sich selbst und zur Welt führt. Und in dieser Reise ohne Ende, in dieser ständigen Bewegung, erkennt er die wahre Schönheit und das tiefe Geheimnis des Lebens.

Die tiefe Integration von Innen und Außen

Die Reise des spirituellen Kriegers ist zutiefst transformativ, und sie dreht sich um das eine große Ziel: die Verbindung des Inneren mit dem Äußeren, des Einzelnen mit dem Ganzen, des Geistigen mit dem Materiellen.

Für den Krieger ist es eine Reise, die sich nicht in einem Augenblick erfüllt, sondern sich über das gesamte Leben hinweg entfaltet. Diese Integration ist wie ein langsamer Tanz, in dem er Schritt für Schritt lernt, das, was er im Inneren erfährt, nach außen zu bringen – und gleichzeitig alles, was ihm im Außen begegnet, als Wegweiser für die eigene innere Entwicklung zu nutzen.

Die Integration von Innen und Außen beginnt für den Krieger auf der tiefsten Ebene des Bewusstseins. Es ist der Moment, in dem er erkennt, all das, was er in sich trägt – die Ängste, die Träume, die Erinnerungen und die Hoffnungen – nicht nur Teile seines individuellen Selbst sind, sondern Teile eines kollektiven Ganzen. Jeder innere Kampf, den er austrägt, jede Angst, die er überwindet, hat eine Resonanz in der Welt um ihn herum. Es ist ein Prozess, in dem er erkennt, dass sein Weg nicht isoliert ist. Wenn er in sich selbst Liebe und Frieden findet, dann bringt er diese Qualitäten auch in die Welt.

Für den Krieger ist diese Erkenntnis zutiefst befreiend und berührend. Er sieht, dass all die inneren Kämpfe, die er durchlebt hat, nicht nur für ihn selbst eine Bedeutung haben, sondern sie sind Teil eines größeren Plans. Der Schmerz, den er durch die Selbsterkenntnis erfährt, wird zu einem Heilmittel für die Welt, weil er durch seine Transformation ein Vorbild für andere wird, die denselben Weg gehen. Jeder Schritt, den er in sich selbst geht, ist gleichzeitig ein Schritt, der die Welt ein wenig heller macht.

Die Integration beginnt im Inneren. Hier stellt er sich den dunkelsten Winkeln seiner Seele, den Schattenseiten, die er lange verborgen gehalten hat. Er kann nur dann wirklich heilen und wachsen, wenn er auch diese Anteile in sich akzeptiert. Es ist ein schmerzhafter Prozess – denn oft sieht er Dinge in sich selbst, die ihn erschrecken, die ihn an seine Grenzen bringen. Doch er geht diesen Weg, ihm ist bewusst, nur in der vollständigen Annahme seiner selbst die wahre Freiheit liegt.

Mit jedem Schatten, den er integriert, öffnet sich ihm eine neue Ebene des Lichts. Es ist, als ob er durch die Dunkelheit schreitet und dabei die Fähigkeit entwickelt, das Licht in sich selbst zu erkennen. Dieses Licht, das in der Tiefe seiner Seele verborgen liegt, wird zu seiner inneren Sonne, die ihn erleuchtet und ihn dazu befähigt, diese Strahlkraft auch nach außen zu tragen. Er wird zu einem Kanal für das Licht, das durch ihn in die Welt fließt und alles, was ihm begegnet, berührt und transformiert.

Sobald der Krieger sein eigenes Licht entdeckt hat, wächst in ihm der Wunsch, dieses Licht mit der Welt zu teilen. Doch dies ist keine einfache Aufgabe. Die äußere Welt ist voller Herausforderungen – voller Hindernisse, Zweifel und Ablenkungen. Aber er weiß auch, sein Weg wird ihn immer wieder zurück in die Welt führen, um dort das zu leben, was er in sich gefunden hat.

In seinem Alltag zeigt sich diese Integration auf viele Weisen. Wenn er einem Menschen begegnet, versucht er, nicht nur mit den Augen zu sehen, sondern auch mit dem Herzen zu verstehen. Er hört zu, ohne zu urteilen. In seinen Handlungen strebt er danach, den Frieden, den er in sich trägt, auch in der Welt zu verkörpern.

Es sind oft die kleinen Gesten, die für ihn bedeutsam sind – ein Lächeln, eine helfende Hand, ein Wort der Ermutigung. Jeder dieser Momente ist eine Möglichkeit, die innere Wahrheit nach außen zu bringen und dadurch die Welt ein kleines Stück heller und im besten Fall heiler zu machen.

Eine Trennung zwischen ihm und der Welt gibt es nicht. Alles, was ihm im Außen begegnet, ist ein Spiegel seines eigenen Inneren. Die Natur, die Menschen, die

Herausforderungen – alles, was ihm begegnet, reflektiert Teile von ihm selbst. Wenn er auf Widerstände stößt, erkennt er, diese existieren auch in ihm selbst und er geht daraufhin nach innen, um dort Heilung zu finden.

Durch diese Einheitserfahrung versteht der Krieger, seine persönliche Reise ist immer auch Teil eines kollektiven Weges. Sein Leiden, sein Wachstum, seine Erkenntnisse – all das fließt in das große Netz des Lebens ein und beeinflusst die Welt auf eine Art, die er oft selbst nicht ganz begreifen kann.

Er sieht sich selbst als einen Tropfen im Ozean, der jedoch das Potenzial hat, den gesamten Ozean zu verändern. Jeder Schritt, den er für sich selbst geht, ist ein Dienst am Ganzen. Und jeder Dienst, den er der Welt leistet, dient letztlich auch ihm selbst.
In dieser tiefen Integration findet der Krieger schließlich eine Erfüllung, die weit über das persönliche Glück hinausgeht. Es ist ein Gefühl des Einklangs, der Harmonie, das ihn durchströmt und ihm zeigt, dass sein Leben Bedeutung hat.

Diese Erfüllung kommt nicht durch äußere Erfolge oder durch das Erreichen bestimmter Ziele. Sie ist das stille Wissen, sein Sein, seine Reise und seine Handlungen sind Teil eines größeren Ganzen, er ist selbst nur ein Puzzlestück in diesem unermesslichen Mosaik des Lebens. In dieser Einheit von Innen und Außen entdeckt der Krieger die wahre Bedeutung seines Seins.

<u>*Übung*</u>

Die Spiegel der Welt – Innen und Außen vereinen

Diese Übung hilft dir, bewusster zu erkennen, wie deine innere Welt und dein äußeres Erleben miteinander verwoben sind. Sie ist eine Kombination aus Reflexion, Bewegung und kreativer Gestaltung, um die tiefe Verbindung zwischen dir und der Welt erfahrbar zu machen.

1. Der Spiegel der Natur – Dein Außenbild reflektieren
Gehe an einen Ort in der Natur oder in einen belebten Bereich in deiner Stadt. Nimm dir Zeit, um wirklich wahrzunehmen, was dich umgibt. Stelle dir folgende Fragen:

Was in dieser Umgebung berührt mich besonders?

Welche Farben, Klänge oder Bewegungen ziehen meine Aufmerksamkeit an?

Gibt es etwas, das mich stört oder Unbehagen in mir auslöst?

Schreibe diese Eindrücke in ein kleines Notizbuch oder sprich sie in eine Sprachnotiz auf deinem Handy ein.

2. Der Spiegel des Inneren – Deine Reaktionen beobachten
Setze dich danach an einen ruhigen Ort und frage dich:

Warum haben mich genau diese Dinge berührt?

Gibt es Parallelen zwischen meinem inneren Zustand und dem, was mir im Außen begegnet ist?

Widerspiegeln die Dinge, die mich gefesselt oder aufgewühlt haben, auch etwas in mir?

Vielleicht hast du eine belebte Straße beobachtet und fühltest Unruhe – könnte das ein Spiegel deines inneren Stresses sein? Oder du hast dich von einem ruhigen See angezogen gefühlt – könnte es sein, dass du dich gerade nach mehr innerer Stille sehnst?

3. Verkörperung – Bewegung als Integration
Nimm nun das, was du entdeckt hast, in eine bewusste Bewegung. Lass deinen Körper ausdrücken, was du fühlst. Vielleicht willst du stehen und deine Arme weit ausbreiten, um dich mit der Welt zu verbinden. Vielleicht möchtest du dich klein machen und das Gefühl der Zurückgezogenheit erforschen.

Bewege dich intuitiv – tanze, strecke dich oder gehe einfach langsam und bewusst umher. Lass dein Körperbewusstsein spüren, dass Innen und Außen keine Gegensätze sind, sondern ineinanderfließen.

4. Kreativer Ausdruck – Dein persönliches Symbol

Finde nun ein Symbol, das für dich diese Verbindung zwischen Innen und Außen darstellt. Es kann ein einfaches Bild sein, das du zeichnest, ein Wort, das du aufschreibst, oder ein kleines Objekt aus der Natur, das du mit nach Hause nimmst.

Dieses Symbol wird zu einer Erinnerung daran, dass die Welt immer ein Spiegel deiner selbst ist – und dass du die Kraft hast, durch deine innere Arbeit auch die Welt um dich herum zu verändern.

5. Integration im Alltag

Platziere dein Symbol an einem sichtbaren Ort oder trage es als kleines Ritual mit dir, um dich daran zu erinnern, immer wieder in die bewusste Wahrnehmung zu gehen.

Wann immer du dich von der Außenwelt herausgefordert fühlst, frage dich:

Was spiegelt mir diese Situation über mich selbst?

Wie kann ich im Inneren etwas verändern, um auch mein Erleben im Außen zu transformieren?

Diese Übung ist nicht nur eine einmalige Praxis, sondern ein Werkzeug, das du in jedem Moment deines Lebens nutzen kannst. Sie erinnert dich daran, dass deine Reise als spiritueller Krieger nicht isoliert ist, sondern sich in einem ständigen Austausch mit der Welt vollzieht.

Schamanische Praktiken und Rituale

"Der spirituelle Krieger lebt im Einklang mit der Natur und dem Universum. Er weiß, dass seine eigene Reise untrennbar mit den Zyklen der Erde und den Bewegungen der Sterne verbunden ist, und er handelt immer im Bewusstsein dieser tiefen Verbindung."

Schamanische Reisen und Visionen

Der Weg des spirituellen Kriegers ist wie gesagt eine ständige Reise zwischen unterschiedlichsten Welten Einige Menschen behaupten, das schamanische Reisen auch eine Art Ausweichen der Realität sind, aber für ihn sind sie keine Flucht aus dem Alltag, sondern eine Reise in die Tiefe seiner eigenen Seele und des Universums. Diese Reisen sind bewusste Schritte, die er aus tiefer Hingabe an das Unbekannte unternimmt. Diese Reisen verändert ihn nicht nur, sondern gibt ihm Einblicke, die seine Sicht auf sich selbst und die Welt transformieren.

Wenn der Krieger sich auf eine schamanische Reise begibt, setzt er einen bewussten Schritt in das Ungewisse. Diese Reise beginnt meist mit einem Ritual, einer Vorbereitung, die ihn erdet und sein Bewusstsein öffnet. Während die Außenwelt leise wird, taucht er in die inneren Welten ein, lässt die Kontrolle los und öffnet sich für das, was ihm begegnen wird. Er begibt sich in eine Art Traumwelt, in der Logik und Zeit ihre Bedeutung verlieren und die Weisheit des Universums auf ihn wartet. Alles, was ihm begegnet, empfängt er mit Mut und offenem Herzen.

Schamanische Reisen sind für den Krieger keine passiven Erlebnisse. Sie verlangen von ihm sich zu öffnen, sich zu vertrauen und bereit zu sein sich selbst zu begegnen, auf eine Weise, die über das alltägliche Bewusstsein hinausgeht. Diese Hingabe ist es, die den spirituellen Krieger definiert – die Bereitschaft, sich dem Fluss des Lebens anzuvertrauen und in die dunklen Winkel seines eigenen Seins zu schauen.

In der schamanischen Welt begegnet der Krieger spirituellen Begleitern – Wesen, die ihm helfen, seine innere Weisheit zu entfalten. Diese Begleiter erscheinen oft in Gestalt von Krafttieren, Ahnen oder anderen symbolischen Figuren, die ihm ihre Unterstützung und Führung anbieten. Für den Krieger sind diese Begegnungen von unschätzbarem Wert. Er hört nicht nur mit seinen Ohren, sondern mit seinem Herzen, und nimmt die Botschaften auf, die ihm gezeigt werden.

Die Krafttiere sind treue Gefährten, die ihm Kraft und Mut verleihen, die ihn durch schwierige Phasen tragen und ihm ihre eigenen Fähigkeiten verleihen. Ein Adler kann ihm Klarheit schenken, die Fähigkeit, aus der Höhe zu sehen, und ein Bär kann ihm zeigen, wie er seine innere Stärke finden kann. Die Ahnen hingegen erinnern ihn daran, er ist Teil einer langen Kette von Seelen, die vor ihm waren und die ihm den Weg geebnet haben. Er spürt, er ist nicht alleine und die Weisheit seiner Ahnen lebt in ihm. Diese Begegnungen lehren ihn Demut, aber auch eine tiefe Ehrfurcht vor dem Leben.

Während der schamanischen Reise begegnet der Krieger oft symbolischen Bildern und Visionen, die eine tiefere Bedeutung tragen. Diese Bilder können zunächst verwirrend oder fremd wirken, aber der schamanische Krieger hat gelernt, die Sprache der Symbole zu deuten. Jedes Bild, das ihm erscheint, jede Szene, die sich ihm zeigt, ist ein Puzzlestück seines eigenen Lebens und seines spirituellen Weges. Vielleicht sieht er sich selbst in einer fremden Landschaft, am Ufer eines Flusses, in einer Wüste oder auf einem Berggipfel. Diese Orte sind mehr als nur Kulissen, sie repräsentieren innere Zustände, Herausforderungen und Lektionen, die er in sich selbst erkennen darf.

Diese Symbole sind wie Schlüssel, die Tore zu verborgenen Aspekten seiner Seele öffnen. Ein Feuer, das in einer Vision lodert, kann für Transformation stehen, für den Prozess des Loslassens und der Reinigung. Wasser, das klar und ruhig vor ihm liegt, mag ihm zeigen, wie er seine eigenen Emotionen beruhigen und Klarheit finden kann. Der Krieger lernt, diese Symbole als Wegweiser zu erkennen und ihnen zu vertrauen. Jedes Bild, das ihm erscheint, fordert ihn auf, seine Seele weiter zu erforschen und zu wachsen.

Schamanische Reisen sind auch eine Quelle der Heilung für den Krieger. Wenn er sich in diese anderen Welten begibt, begegnet er nicht nur fremden Wesen, sondern oft auch den verletzten Teilen seiner eigenen Seele. Diese Wunden, die ihm in der realen Welt vielleicht verborgen geblieben sind, zeigen sich ihm hier offen und ehrlich. Er sieht seine Ängste, seine Unsicherheiten und vielleicht auch alte Traumata, die in den Tiefen seines Unterbewusstseins verborgen liegen.

Diese Reisen erlauben es ihm, seine Wunden anzuerkennen und anzunehmen, nicht vor ihnen wegzulaufen. Er tritt ihnen mit Mitgefühl entgegen und gibt sich selbst die Erlaubnis, zu heilen. Diese Heilung geschieht nicht durch äußere Umstände, sondern durch eine innere Umarmung, die er sich selbst schenkt. Es ist eine tiefgreifende Transformation, die ihn zurück zur Ganzheit führt und ihm zeigt, dass wahre Heilung immer von innen kommt.

Nach einer schamanischen Reise kehrt der Krieger nicht einfach nur „zurück" – er bringt die Weisheit, die er dort erfahren hat, in seine alltägliche Realität. Diese Übergänge sind oft sanft, aber sie tragen eine besondere Kraft in sich. Die Bilder, die Worte und die Erkenntnisse, die er in der anderen Welt gewonnen hat, begleiten ihn weiterhin und geben ihm eine neue Perspektive auf das Leben. Jeder Schritt, den er nun in der realen Welt macht, ist von dieser Erfahrung geprägt.

Er hat gelernt, die wahre Reise des spirituellen Kriegers endet nicht in der schamanischen Welt. Die gewonnen Erkenntnisse und das Wissen, das er dort erfahren hat, bringt er in die Welt, in sein Leben und seine Beziehungen.

Er lebt die Weisheit seiner Reisen in seinen Handlungen, seinen Entscheidungen und seinem Umgang mit anderen. Die schamanische Welt ist nicht nur ein Ort der Flucht oder des Entzugs von der Realität, sondern eine Dimension, die ihm zeigt, wie er das Beste aus sich selbst leben kann. Jede Reise bringt ihn ein Stück näher zu sich selbst und zeigt ihm, wie er sein Licht in der Welt stärker leuchten lassen kann.

Durch die schamanischen Reisen erfährt der Krieger eine tiefe Verbundenheit mit der universellen Weisheit, die alles Leben durchdringt. Er ist nicht getrennt von der Welt, sondern ein integraler Teil des Kosmos, der ständig mit ihm in Austausch steht. Die Sterne, die Bäume, die Tiere, die Menschen – alles ist miteinander verflochten, und er spürt, dass seine eigene Reise Teil eines größeren Gefüges ist. Diese Verbundenheit gibt ihm einen Halt, eine tiefere Ruhe, denn er weiß, er wird getragen, auch wenn der Weg manchmal steinig ist.

In dieser Verbundenheit findet der Krieger nicht nur seine eigene Wahrheit, sondern auch die Kraft, andere auf ihrem Weg zu unterstützen. Er erkennt die Weisheit, die ihm auf den schamanischen Reisen zuteil wird. Sie dient nicht nur ihm selbst, sondern er darf und sollte sie weitergeben. Durch sein Beispiel, seine Worte und sein Mitgefühl wird er selbst zu einem Wegweiser für andere, die ihre eigene Reise beginnen oder fortsetzen möchten.

Die schamanische Reise ist für den Krieger nicht nur ein Erlebnis, sondern ein Weg des beständigen Wachstums. Jede Reise bringt ihn ein Stück weiter, jedes Mal sieht er sich selbst ein bisschen klarer und versteht das Leben ein wenig deutlicher. Diese Reisen sind wie ein Spiegel, der ihm zeigt, wer er wirklich ist und wer er noch werden kann. Er spürt, jede Begegnung, jede Vision und jede Erfahrung formen und helfen ihm, zu dem Menschen zu werden, der er sein möchte – ein Krieger, der sein Leben im Einklang mit der Weisheit des Universums lebt.

Der Weg des spirituellen Kriegers ist durch die schamanischen Reisen geprägt. Diese Reisen sind ein Tor zu einer Welt, die ihn mit Erkenntnis, Heilung und einer tiefen Verbundenheit beschenkt. Und so geht der Krieger seinen Weg weiter, geführt von den Weisheiten, die ihm auf seinen schamanischen Reisen zuteilwurden, stets bereit, die Tiefe seines Seins weiter zu erforschen und die Essenz dieser Erkenntnisse in die Welt zu tragen.

Rituale des spirituellen Kriegers

Im Leben des spirituellen Kriegers haben Rituale eine besondere Bedeutung, die weit über das bloße Befolgen von Traditionen hinausgeht. Sie sind wie lebendige Brücken, die ihn verbinden – mit seiner eigenen Seele, mit der Natur und mit den Kräften des Universums. Rituale sind nicht nur Momente der Andacht oder Achtsamkeit; sie sind ein Ausdruck seiner tiefsten Überzeugungen und seiner Beziehung zum Leben selbst.

Für den Krieger sind Rituale so notwendig wie der Atem, weil sie ihm helfen, das Heilige im Alltäglichen zu erkennen und zu bewahren. Sie sind ein Weg, um immer wieder zurück zu seiner Mitte zu finden und das Gleichgewicht zu halten zwischen der äußeren Welt und seiner inneren Landschaft.

Jedes Mal, wenn der Krieger ein Ritual beginnt, betritt er einen heiligen Raum – einen Raum, in dem die alltäglichen Sorgen und Ablenkungen keinen Platz haben. Diesen Raum betritt er mit einer inneren Haltung der Dankbarkeit und Ehrfurcht, denn für ihn ist das Ritual eine Gelegenheit, das Leben zu ehren und gleichzeitig sich selbst zu stärken. Egal, ob es sich um ein einfaches Morgenritual handelt oder um eine tiefere Zeremonie unter dem Sternenhimmel: Dieser heilige Raum ist für ihn ein Ort, an dem er sich regeneriert und von innen heraus erneuert.

In diesen Momenten spürt der Krieger die Verbindung zu etwas Größerem, das seine eigene Existenz übersteigt. Er fühlt, wie er Teil eines größeren Plans ist, einer kosmischen Ordnung, die ihm Schutz und Führung bietet. Dieser heilige Raum des Rituals ist ein Anker, der ihn daran erinnert, dass er nicht allein ist – dass er eingebettet ist in ein Netz aus Beziehungen und Bedeutungen, dass alle Lebewesen verbindet.

Besonders kraftvoll im Leben des Kriegers sind die Initiationsriten, die ihm helfen, tiefer in sich selbst hineinzuwachsen und sich neu zu entdecken. Initiationen sind keine bloßen Zeremonien, sondern Übergänge, die ihn herausfordern und ihm die Möglichkeit geben, sich auf einer neuen Ebene kennenzulernen. Diese Initiationsriten markieren wichtige Momente auf seinem Weg – sei es der Übergang ins Erwachsensein, ein Neuanfang oder die Übernahme einer neuen Verantwortung.

In einer Initiation gibt es oft einen Moment des Loslassens, einen Moment, in dem der Krieger aufgefordert wird, seine bisherigen Vorstellungen von sich selbst hinter sich zu lassen. Dieser Moment ist wie ein Sprung ins Ungewisse, bei dem er seine Ängste, Zweifel und Unsicherheiten konfrontiert und sich den tiefsten Aspekten seiner Seele öffnet. Das ist der Punkt, an dem wahre Transformation geschieht. In diesem Moment erkennt er, die Grenzen, die er sich selbst auferlegt hat, waren nur Illusionen und er besitzt die Fähigkeit, über sich selbst hinauszuwachsen.

Nach einer solchen Initiation ist der Krieger nicht mehr derselbe. Er hat eine innere Schwelle überschritten, die ihn auf eine tiefere Ebene des Bewusstseins und der Verantwortung geführt hat. Diese Transformation ist nicht sichtbar für die Außenwelt, aber sie verändert alles, was er ist und alles, was er tut. Er sieht die Welt mit neuen Augen und spürt, er ist jetzt bereit die Herausforderungen des Lebens mit einer neuen Stärke und Klarheit anzugehen.

Die Jahreskreisfeste sind für den Krieger wie Meilensteine, die ihn durch das Jahr begleiten und ihm helfen, sich auf den Rhythmus der Natur einzustimmen. Frühling, Sommer, Herbst und Winter – jede Jahreszeit bringt ihre eigenen Energien und Lektionen, und der Krieger sieht in diesen natürlichen Zyklen eine Spiegelung seiner eigenen inneren Prozesse. Diese Feste sind für ihn eine Gelegenheit, sich auf das Wesentliche zu besinnen und die Weisheit zu würdigen, die in jedem Wechsel der Jahreszeiten liegt.

Im Frühling feiert der Krieger das Erwachen des Lebens, das Wiedererwachen der Kräfte, die im Winter geruht haben. Es ist eine Zeit der Erneuerung, in der er sich auf das Wachstum und die Möglichkeiten konzentriert, die vor ihm liegen. Im

Sommer erlebt er die Fülle und das Leuchten des Lebens. Er spürt die Wärme, die Vitalität, und er ist bereit, seine eigenen Projekte und Ziele in die Welt zu tragen.

Der Herbst ist eine Zeit der Ernte und des Nachdenkens. Der Krieger schaut auf das zurück, was er geschaffen hat, und zieht Bilanz. Er nimmt sich Zeit, um zu reflektieren und die Lektionen des vergangenen Jahres zu integrieren. Im Winter schließlich begibt er sich in die Stille, in die Dunkelheit, in die Zeit des Rückzugs. Er weiß, dass diese Phase des Loslassens und der Ruhe notwendig ist, um neue Kräfte zu sammeln und sich auf das kommende Jahr vorzubereiten.

Durch diese Feste erkennt der Krieger, dass das Leben in ständiger Bewegung ist und jede Phase – ob Licht oder Dunkelheit – ihre eigene Bedeutung hat. Er feiert die Jahreskreisfeste, um sich mit der Erde zu verbinden und die Weisheit der Natur zu ehren. In diesen Momenten spürt er, er ist nicht nur ein Bewohner der Erde, sondern ein Teil ihres großen, lebendigen Kreislaufs.

Für den Krieger sind Rituale nicht nur große Zeremonien oder Feste, sondern auch die kleinen, alltäglichen Handlungen, die ihn daran erinnern, präsent und dankbar zu sein. Jeder Tag bietet ihm die Möglichkeit, kleine Zeremonien des Bewusstseins zu praktizieren, sei es durch das achtsame Trinken eines Tees, das Innehalten bei einem tiefen Atemzug oder das bewusste Spüren der Erde unter seinen Füßen. Diese kleinen Rituale geben seinem Alltag Struktur und Sinn. Sie sind ein Weg, sich selbst immer wieder daran zu erinnern, dass das Leben ein Geschenk ist und jeder Moment eine Gelegenheit, dieses Geschenk zu würdigen.

In Momenten des Schmerzes und der Verwirrung wendet er sich an Rituale, um in ihnen Heilung zu finden. Diese Rituale sind für ihn ein Weg, seine Seele zu beruhigen und Trost in schwierigen Zeiten zu finden. Ein einfaches Ritual, wie das Entzünden einer Kerze oder das Räuchern mit heilenden Kräutern, kann ihm helfen, sich von belastenden Energien zu befreien und seine Gedanken zu klären. In diesen Momenten spürt der Krieger, dass Rituale mehr sind als bloße Handlungen – sie sind ein Raum, in dem Heilung auf tiefster Ebene geschehen kann.

Rituale sind auch eine Möglichkeit für den Krieger, sich mit der spirituellen Welt zu verbinden. In diesen Momenten kommuniziert er mit den Kräften, die über das menschliche Verständnis hinausgehen. Er fühlt die Präsenz der Ahnen, die ihn begleiten, die Kraft der Elemente, die ihm Stärke verleihen, und die Weisheit des Universums, die ihn führt. Diese Rituale sind seine Brücke zur spirituellen Welt, eine Möglichkeit, Antworten auf Fragen zu finden, die er sonst nirgendwo erhält.

Für den Krieger sind Rituale kein festgelegtes Programm, sondern ein lebendiger, sich ständig entwickelnder Prozess. Sie passen sich seinem Leben an, an seine Erfahrungen, an die Lektionen, die er lernt. Jeder Moment, jede Erfahrung wird in die Rituale integriert, und jedes Ritual wird zu einem Spiegel seiner eigenen Reise. Der Krieger weiß, Rituale erinnern ihn daran, das Leben selbst ist ein heiliges Mysterium und jeder Tag und Atemzug ist ein Teil dieses großen Rituals.

In diesen Ritualen findet der Krieger nicht nur Verbindung zur Welt und zur spirituellen Ebene, sondern auch zu sich selbst. Er lernt, sich selbst besser zu verstehen, seine eigenen Grenzen und seine tiefsten Bedürfnisse zu erkennen. Die Rituale helfen ihm, ein Leben in Harmonie zu führen – ein Leben, das im Einklang mit den Zyklen der Natur, den Weisheiten des Universums und der tiefen Sehnsucht seines eigenen Herzens ist.

Krafttiere und Totems

Für den spirituellen Krieger sind Krafttiere und Totems nicht nur Symbole oder mystische Begleiter – sie sind lebendige Wesen, die ihn auf seiner Reise durchs Leben unterstützen, lehren und inspirieren. Stell dir vor, du wanderst durch ein unbekanntes Land, und plötzlich taucht ein weiser Führer an deiner Seite auf, der dich durch unwegsames Gelände leitet, dir Geschichten erzählt und dir hilft, deinen eigenen Weg zu finden. Genau das sind Krafttiere und Totems: treue Weggefährten, die dich in Momenten der Unsicherheit und des Wandels unterstützen.

Für den Krieger ist die erste Begegnung mit einem Krafttier ein zutiefst berührender Moment. Diese Begegnung geschieht oft, wenn er an einem Wendepunkt steht – in Zeiten, in denen er neue Wege einschlagen oder alte Wunden heilen muss. Das Krafttier erscheint nicht zufällig. Es kommt, wenn der Krieger bereit ist, seine Botschaften zu empfangen, und es bringt eine Weisheit mit, die oft tief ins Herz trifft.

Es könnte im Traum erscheinen, in einer Meditation oder in einer schamanischen Reise. Vielleicht ist es ein Adler, der majestätisch über dir schwebt und dich an die Größe deiner eigenen Seele erinnert, oder ein Wolf, der dir zeigt, wie wichtig Gemeinschaft und Loyalität sind.

Ein Beispiel: Stell dir vor, du hast eine schwierige Entscheidung zu treffen, und in einem Moment der Stille erscheint dir ein Bär. Dieser Bär steht für Stärke und Erdung, und seine Botschaft an dich könnte lauten: „Du hast die Kraft, die du brauchst, in dir. Vertraue deinem Instinkt." Solche Begegnungen sind keine Fantasie, sondern ein tiefes Eintauchen in die eigene innere Welt, in der die Weisheit des Unbewussten lebendig wird.

Jedes Krafttier bringt seine eigene Energie und Botschaft mit. Der Adler lehrt Weitsicht und zeigt dir, wie du über die alltäglichen Sorgen hinausblicken kannst. Der Bär gibt dir Stärke und erinnert dich daran, dich selbst zu schützen, wenn es nötig ist. Das Reh, zart und sanft, fordert dich auf, dich selbst mit Mitgefühl zu behandeln, während der Tiger dir den Mut gibt, deinen Ängsten direkt ins Auge zu blicken. Viele Botschaften sind oft subtil, aber immer kraftvoll, und sie spiegeln genau das wider, was du in diesem Moment brauchst, um weiterzukommen.

Diese Tiere sind jedoch nicht nur Lehrer. Sie sind auch Spiegel. Ein Krafttier zeigt dir nicht nur, was du stärken solltest, sondern auch, woran du noch arbeiten kannst. Wenn dir zum Beispiel eine Schlange erscheint, die für Transformation und Heilung steht, könnte dies darauf hinweisen, dass du bereit bist, alte Haut abzustreifen und eine tiefgreifende Veränderung in deinem Leben anzunehmen.

Die Beziehung zu einem Krafttier ist kein Einbahnstraßen-Verhältnis. Man pflegt diese Verbindung durch Rituale und tiefgehende Meditationen. Man nimmt sich Zeit, das Krafttier bewusst in seinem Inneren zu rufen, es zu beobachten und mit ihm zu kommunizieren. Diese Rituale können so einfach sein wie das Schreiben eines Briefes an dein Krafttier oder so tiefgehend wie eine schamanische Reise, bei der du in eine andere Bewusstseinsebene eintauchst, um deinem Begleiter zu begegnen.

Ein Beispiel: Der Krieger sitzt in einer ruhigen Umgebung, entzündet eine Kerze und stellt sich vor, wie sein Krafttier vor ihm erscheint. Er stellt ihm Fragen, sucht Rat oder lauscht einfach nur. In diesen Momenten der Hingabe und Stille spürt er die Präsenz seines Begleiters und die Botschaften, die oft jenseits von Worten liegen.

Während Krafttiere kommen und gehen können, ist ein Totem oft ein lebenslanger Begleiter. Es repräsentiert die Essenz des Kriegers, seine tiefste Wahrheit und seine spirituelle Bestimmung. Ein Totem ist wie ein innerer Kompass, der den Krieger immer wieder auf seinen wahren Weg zurückführt. Es kann ein Tier, eine Pflanze oder ein anderes Wesen aus der Natur sein, das eine besondere Bedeutung für ihn hat.

Ein Totem könnte beispielsweise ein Baum sein – ein Symbol für Verwurzelung und

Wachstum. Dieser Baum erinnert den Krieger daran, tief in der Erde verankert zu bleiben, während er gleichzeitig seine Äste in den Himmel streckt, um nach neuen Horizonten zu greifen. Das Totem ist nicht nur ein Begleiter, sondern auch eine Quelle der Inspiration und der Kraft.

Die Beziehung zu seinen spirituellen Begleitern erfordert Pflege und Aufmerksamkeit. Er nimmt sich Zeit, ihre Botschaften zu reflektieren und ihre Weisheit in sein Leben zu integrieren. Diese Beziehung ist ein Austausch: Der Krieger empfängt Führung und Unterstützung, aber er gibt auch etwas zurück – Respekt, Dankbarkeit und die Bereitschaft, die erhaltenen Lektionen wirklich zu leben.

Ein Beispiel: Wenn der Wolf dein Krafttier ist und er dich an Gemeinschaft und Verbundenheit erinnert, könntest du bewusst Zeit mit deinen Liebsten verbringen oder dich einer Gemeinschaft anschließen, die dir am Herzen liegt. Auf diese Weise lebst du die Botschaft deines Krafttieres aktiv und ehrst die Verbindung.

Die Arbeit mit Krafttieren und Totems ist ein Weg der Transformation. Durch sie lernt der Krieger, seine Ängste zu überwinden, seine Stärken zu entdecken und in Einklang mit sich selbst und der Welt zu leben. Diese Begleiter helfen ihm, über sich selbst hinauszuwachsen und in die Kraft seines wahren Wesens zu treten. Sie erinnern ihn daran, er ist nie wirklich allein und dass die Weisheit des Universums jederzeit zugänglich ist.

Die Verbindung zu Krafttieren und Totems ist nicht nur ein Teil der spirituellen Praxis des Kriegers – sie wird zu einem Teil seines Lebens. Sie lehrt ihn, die Natur mit anderen Augen zu sehen, sich selbst besser zu verstehen und in Harmonie mit allem zu leben. Diese Beziehung ist eine Brücke zwischen der sichtbaren und der unsichtbaren Welt, ein ständiger Fluss von Weisheit und Liebe, der den Krieger auf seinem Weg trägt.

Durch die Arbeit mit diesen spirituellen Begleitern wird der Krieger zu einem Menschen, der nicht nur seine eigene Wahrheit lebt, sondern auch anderen den Mut gibt, ihre eigene Verbindung zur Welt zu entdecken. Es ist ein Weg der Weisheit, der Vertrauen und der tiefen Verbundenheit – ein Weg, der nicht endet, sondern sich immer weiter entfaltet.

Der Schmetterling

Der Schmetterling, so zart und leicht,
fliegt durch die Luft, so ungeheuer weit.
Seine Flügel, bunt und schillernd,
wie ein Kunstwerk der Natur.

Er tanzt im Wind und zeigt uns seine Schönheit,
erinnert uns daran, dass das Leben vergänglich ist.
Doch in diesem kurzen Moment,
zeigt er uns die Magie des Lebens.

Er symbolisiert die Verwandlung und die Transformation,
von der Raupe zum Schmetterling, eine neue Kreation.
Ein Symbol für die Hoffnung und die Wiedergeburt,
für den Kreislauf des Lebens, der niemals stillsteht.

Man kann den Schmetterling einfach nur verehren und bewundern,
für seine Schönheit, seine Magie und seine Kunst.
Er erinnert uns, das ist Leben kurz,
aber auch wunderschön und voller Zauber.

Das Kriegerrad

„Das Rad öffnet dem Betrachter die verborgene Weisheit der unterschiedlichen Blickwinkel, jetzt muß der Krieger sie nur noch sehen wollen"

Das Medizinrad des Kriegers

Das Kriegerrad, ein heiliges Symbol in vielen schamanischen Traditionen, repräsentiert die universellen Zyklen des Lebens und des Kosmos. Es ist eine Landkarte sowohl der äußeren Welt als auch der inneren spirituellen Reise, die der Krieger auf seiner Suche nach Erkenntnis und Erleuchtung durchläuft. Durch seine acht Himmelsrichtungen offenbart es uns die Kräfte, die die Welt und unser Sein formen, und zeigt auf, wie der Krieger auf seiner Reise Harmonie zwischen diesen Kräften finden kann.

Das Rad selbst ist ein Kreis, der unendliche Zyklen des Werdens, des Seins und des Vergehens darstellt. Jede Richtung, jeder Abschnitt des Rades, steht für eine spezifische Energie, ein Element, eine Phase im Leben, die es zu durchschreiten gilt.

Der Krieger, der das Rad beschreitet, lernt, die Prinzipien dieser Richtungen zu meistern und in seinem Leben zu integrieren. Durch die Balance zwischen den vier Hauptrichtungen – Süden, Westen, Norden und Osten – sowie den vier Zwischenrichtungen wird er zum Hüter des Gleichgewichts zwischen den Kräften der Natur, des Geistes und des Herzens.

Die Elemente Erde, Wasser, Luft und Feuer – sind von zentraler Bedeutung im Rad und den Himmelsrichtungen zugeordnet, wobei der Krieger die Weisheit und die Energien dieser Elemente in sich aufnehmen und ausbalancieren muss.

Der Süden – Die Erde und die Kraft des Körpers
Der Süden steht im Kriegerrad für das Element der Erde, die materielle Welt, den Körper und die Wurzeln des Seins. Die Erde ist das Fundament, auf dem das Leben basiert, und der Krieger muss hier lernen, sich zu erden und sich tief mit der physischen Realität zu verbinden. Es ist der Ort der **Verwurzelung**, wo der Krieger die innere Stabilität und Standhaftigkeit findet, die ihn durch die Herausforderungen des Lebens trägt.

Im Süden steht das Herz im Zentrum. Es ist der Ort der Gefühle, der Liebe und der zwischenmenschlichen Beziehungen. Der Krieger lernt, seine Emotionen zu verstehen und in Einklang zu bringen. Doch die Erde ist auch die Kraft der Ausdauer und der Geduld. Sie lehrt den Krieger, dass Wachstum Zeit braucht, dass nichts ohne Hingabe und Pflege gedeihen kann. Hier wird der Krieger mit der Energie des

Lebenszyklus konfrontiert – von der Geburt über das Wachstum bis hin zur Ernte. Der Süden fordert uns auf, die Zyklen des Lebens zu ehren und uns in die Rhythmen der Erde einzufügen.

Die Herausforderungen des Südens liegen in der Überwindung von Ängsten und Unsicherheiten, die aus der Verbindung zur materiellen Welt resultieren. Der Krieger muss lernen, sich nicht von der Angst vor dem Verlust oder der Furcht vor dem Tod leiten zu lassen. Im Süden wird er aufgefordert, seine Körperlichkeit zu akzeptieren und seine körperlichen Bedürfnisse und Instinkte zu integrieren, ohne ihnen zu verfallen. Es ist die Lehre, dass wahre Stärke aus der Verbundenheit mit der Erde, der Gemeinschaft und der Natur kommt.

Der Westen – Das Wasser und die Kraft der Intuition
Im Westen liegt die Weisheit des Wassers verborgen, des Elements der Gefühle, der tiefen inneren Heilung und der Transformation. Wasser repräsentiert die Flüsse der Intuition, des Unterbewussten und der emotionalen Reinigung. Es ist die Richtung des **Loslassens**, des **Sterbens** und der Erneuerung, wo der Krieger die Fähigkeit erlernt, die Kontrolle aufzugeben und sich dem natürlichen Fluss des Lebens hinzugeben.

Der Westen ist eine Phase des Rückzugs und der inneren Reflexion. Hier tritt der Krieger in die Dunkelheit ein, in die Welt der Schatten und des Unbekannten. Es ist der Ort, an dem der Krieger seine tiefsten Wunden, Ängste und Traumata konfrontiert und heilt. Der Westen fordert Mut, nicht im physischen Sinne, sondern den Mut, sich der inneren Dunkelheit zu stellen, sich zu öffnen und sich verletzlich zu zeigen.

Das Wasser, das im Westen dominiert, ist auch das Element der Veränderung. Es kann ruhig und klar oder stürmisch und unruhig sein, und der Krieger lernt hier, dass das Leben in ständiger Bewegung ist. Es ist ein Ort der Reinigung – emotional und spirituell. Das Loslassen von Anhaftungen, von alten Mustern und Identitäten wird hier gefordert. Der Krieger muss lernen, dass wahres Heilen nur geschieht, wenn man die Vergangenheit loslässt und die Flüsse der Veränderung umarmt.

Im Westen stirbt der Krieger symbolisch, um wiedergeboren zu werden. Dieser Tod ist nicht der physische Tod, sondern der Tod des Egos, der alten Überzeugungen und der inneren Blockaden. Er tritt in den Zyklus des Lebens, des Todes und der Wiedergeburt ein, der durch das Wasser symbolisiert wird. Der Westen lehrt den

Krieger, dass alles Leben, wie das Wasser, im Fluss ist und jeder Tod den Samen für neues Leben birgt.

Der Norden – Die Luft und die Kraft des Geistes
Im Norden thront das Element der Luft, das Symbol für den Geist, die Klarheit des Denkens und die Weisheit der Ahnen. Es ist der Ort der kühlen Winde, der Berge und der Weite des Himmels, wo der Krieger sich über die Illusionen der Welt erhebt und die Dinge aus einer höheren Perspektive sieht. Der Norden steht für Verstand und Weisheit, für den kühlen, unvoreingenommenen Blick auf die Welt.

Hier im Norden trifft der Krieger auf die Weisheit der Ahnen, die jenseits der sichtbaren Welt existieren. Die Luft repräsentiert den Atem des Lebens, die Verbindung zum Göttlichen, die klare Kommunikation und den freien Fluss der Gedanken. Der Krieger lernt, sich von den Verstrickungen der emotionalen und physischen Welt zu lösen und sich dem höheren Wissen zu öffnen. Die kühle Klarheit des Nordens hilft dem Krieger, über sich selbst hinauszuwachsen, seine Gedanken zu ordnen und in den höheren Ebenen der Weisheit und des Verständnisses zu navigieren.

Doch die Luft hat auch eine herausfordernde Seite. Sie kann uns distanziert machen, uns von unseren Emotionen und unserer körperlichen Erfahrung trennen. Der Krieger muss lernen, diese Balance zu finden – zwischen der Klarheit des Geistes und der Wärme des Herzens, zwischen objektiver Einsicht und mitfühlender Verbindung.

Der Norden ist der Ort des inneren Rats, wo der Krieger die Stille aufsucht, um sich mit dem großen Mysterium zu verbinden. In dieser Stille findet er die tiefsten Antworten, die nicht aus dem Denken, sondern aus dem reinen Sein kommen. Es ist die Lehre des Loslösens, des Erkennens, dass alles, was in der physischen Welt existiert, vergänglich ist und wahre Erkenntnis in der Freiheit des Geistes liegt.

Der Osten – Das Feuer und die Kraft der Vision
Der Osten, das Reich des Feuers, repräsentiert den Anfang, das Licht, das Aufgehen der Sonne und die Visionen, die den Krieger auf seinem Weg leiten. Feuer ist das Element der Transformation und der Leidenschaft, das den Krieger antreibt, seine Träume zu verfolgen und seine innere Kraft zu entfachen. Im Osten steht die Erkenntnis, der Augenblick, in dem der Krieger die tiefen Wahrheiten des Lebens durchdringt und seine innere Flamme entzündet wird.

Das Feuer des Ostens ist ein Symbol der Schöpfungskraft und der Willenskraft. Es fordert den Krieger auf, sich seiner höchsten Vision zu widmen und die Inspiration aus der geistigen Welt in die materielle zu bringen. Der Osten ist der Ort, an dem neue Projekte, Ideen und Lebensphasen geboren werden. Der Krieger lernt hier, er ist der Schöpfer seiner Realität und das Feuer des Geistes alles durchdringt und transformiert, was es berührt.

Doch das Feuer des Ostens birgt auch Gefahren. Es kann den Krieger verbrennen, wenn er sich in Ego oder Gier verliert. Die Lehre des Ostens ist, dass wahre Visionen nicht aus dem persönlichen Wollen oder Ehrgeiz kommen, sondern aus einer tiefen Verbindung mit dem göttlichen Plan. Der Krieger muss lernen, das Feuer zu bändigen, es als Werkzeug der Schöpfung und Transformation zu nutzen, ohne sich von seinem Glanz und seiner Macht blenden zu lassen.

Im Osten wird der Krieger mit seiner eigenen Seelenaufgabe konfrontiert. Hier erkennt er, dass er nicht nur für sich selbst, sondern für das große Ganze lebt. Seine Visionen und Taten müssen im Einklang mit der spirituellen Ordnung des Universums stehen.

Die Zwischenrichtungen, die Balance der Elemente und Energien

Neben den vier Hauptrichtungen des Rades, die die primären Elemente und Phasen des Lebens symbolisieren, gibt es auch die Zwischenrichtungen Nordosten, Südosten, Südwesten und Nordwesten. Diese Richtungen repräsentieren Übergänge und Brücken zwischen den Hauptelementen, sie helfen dem Krieger, die verschiedenen Energien auszugleichen und ihre Synthese zu meistern.

Der Südosten – Der Übergang vom Feuer zur Erde
Der Südosten markiert die Schwelle zwischen dem Osten, dem Element des Feuers und der Vision, und dem Süden, dem Element der Erde und der Verkörperung. Es ist der Ort, an dem die Visionen des Ostens beginnen, in die physische Realität des Südens überzugehen. Hier lernt der Krieger, wie er seine Inspirationen manifestiert und sie in die Welt bringt. Es ist eine Phase, in der Ideen geformt und Wurzeln geschlagen werden, in der der schöpferische Funke des Feuers zu etwas Greifbarem und Beständigem wird.

Im Südosten liegt die Kraft der Schöpfung. Der Krieger wird dazu aufgefordert, seine Träume und Wünsche nicht nur zu träumen, sondern sie durch Handeln in die Realität zu bringen. Der Übergang vom reinen Geistigen (Osten) zur materiellen Welt (Süden) erfordert Disziplin, Ausdauer und die Fähigkeit, die eigene Energie fokussiert einzusetzen. Der Krieger muss lernen, dass nichts von selbst geschieht und es Hingabe und Entschlossenheit braucht, um eine Vision in die Welt zu tragen.

Doch diese Richtung ist nicht nur eine Phase des Tuns, sondern auch des Gleichgewichts. Der Krieger darf sich nicht im Feuer der Leidenschaft verlieren, sondern muss mit den Rhythmen der Erde arbeiten, um nachhaltige Ergebnisse zu erzielen. Der Südosten ist ein Ort, an dem der Krieger die Balance zwischen dem Geist und der Materie finden muss, zwischen der Inspiration und der praktischen Umsetzung.

Der Südwesten – Der Übergang von der Erde zum Wasser
Der Südwesten verbindet den Süden, das Element der Erde und des Körpers, mit dem Westen, dem Element des Wassers und der emotionalen Tiefe. Hier steht der Krieger vor der Herausforderung, seine physische Realität und sein materielles Leben mit seinen inneren, emotionalen Prozessen zu verbinden. Der Südwesten ist der Ort der Transformation durch Selbstbeobachtung und emotionale Arbeit.

In dieser Richtung lernt der Krieger, dass Heilung oft aus dem physischen Körper kommt, aber auch auf emotionaler Ebene stattfinden muss. Es ist eine Phase des Loslassens von körperlichen Spannungen, von alten emotionalen Wunden, die in der Tiefe des Seins verborgen sind. Der Krieger wird im Südwesten herausgefordert, seine emotionale Landschaft zu durchqueren, die Schatten seines Selbst zu erforschen und alte Wunden zu heilen.

Die Energie des Südwestens fordert auch eine tiefe Demut. Der Krieger erkennt, der Körper und die Emotionen sind miteinander verbunden, emotionale Blockaden oft körperliche Symptome verursachen, und wahre Heilung nur durch die Integration beider Ebenen möglich ist. Es ist der Weg des Loslassens, des Sterbens alter Muster, um Raum für etwas Neues und Tieferes zu schaffen.

Im Südwesten lernt der Krieger, die größte Stärke kommt oft aus der Bereitschaft, sich den eigenen Schwächen zu stellen. Es ist eine Phase des Rückzugs und der inneren Einkehr, in der er die Verbindung zwischen Körper und Seele erneuert und seine Wunden mit der Weisheit des Wassers heilt.

Der Nordwesten – Der Übergang vom Wasser zur Luft
Der Nordwesten stellt die Brücke zwischen dem Westen, dem Element des Wassers, und dem Norden, dem Element der Luft, dar. Hier findet die emotionale und spirituelle Reinigung des Westens ihre Vollendung in der klaren, distanzierten Weisheit des Nordens. Es ist der Ort der Erkenntnis, an dem der Krieger nach der emotionalen Transformation die Klarheit des Geistes findet und in der Lage ist, seine inneren Prozesse auf einer höheren, intellektuellen Ebene zu verstehen.

Im Nordwesten muss der Krieger lernen, die emotionale Tiefe des Wassers mit der objektiven Klarheit der Luft zu vereinen. Die Weisheit, die aus dem Westen kommt, darf nicht in emotionalen Verstrickungen hängen bleiben, sondern muss in die luftigen Höhen des Nordens erhoben werden, um die größeren Muster und Lektionen zu erkennen. Es ist der Ort der Integration, an dem der Krieger die Erfahrungen und Lehren seiner Reise in eine höhere spirituelle Einsicht umwandelt.

Der Nordwesten fordert den Krieger auf, seine emotionale Weisheit mit dem Intellekt zu verbinden, um wahre Ganzheit zu erlangen. Er lernt, dass weder Emotionen noch Gedanken allein den Weg weisen können – erst in der Verbindung beider entsteht Wahrheit. Diese Richtung markiert auch den Punkt, an dem der Krieger beginnt, seine innere Reise als Teil eines größeren kosmischen Plans zu sehen. Die persönliche Transformation wird hier zur universellen Erkenntnis, und der Krieger tritt in den Dienst der Gemeinschaft und des Großen Ganzen.

Der Nordosten – Der Übergang von der Luft zum Feuer
Der Nordosten ist der Übergang von der Klarheit des Nordens zur Vision und Inspiration des Ostens. Es ist der Ort des erleuchtenden Geistes, an dem der Krieger nach der Ruhe und Weisheit des Nordens die Flamme der Vision wieder entfacht. Hier wird die Weisheit der Ahnen mit der Schöpfungskraft des Feuers verbunden, und der Krieger wird aufgefordert, sich auf eine neue Ebene der Erkenntnis und Schöpfung zu erheben.

Der Nordosten repräsentiert den Anfang eines neuen Zyklus, eine neue Phase der Inspiration. Nach der inneren Klarheit des Nordens kehrt der Krieger zurück in die Welt der Visionen, doch diesmal ist seine Vision klarer, gereift und in Einklang mit der spirituellen Weisheit, die er auf seinem Weg gesammelt hat. Es ist eine Phase der Erneuerung, in der der Krieger die Lehren der Vergangenheit mit den Möglichkeiten der Zukunft verbindet.

Der Nordosten fordert den Krieger heraus, seine alte Weisheit in neue Visionen umzusetzen und sich nicht auf dem Erreichten auszuruhen. Er muss das Erlernte nutzen, um neue Wege zu gehen, neue Träume zu wagen und sich erneut in den Schöpfungsprozess zu begeben. Doch diesmal ist der Weg klarer und bewusster, da der Krieger nun die Balance zwischen dem Feuer der Vision und der Klarheit des Geistes gefunden hat.

Der ewige Zyklus des Kriegerrads, eine Reise ohne Ende

Das Kriegerrad ist ein sich ständig drehendes Rad des Lebens, in dem der Krieger immer wieder neue Zyklen durchläuft. Es ist eine Landkarte der Selbsterkenntnis, der Heilung und der spirituellen Entwicklung, die uns daran erinnert, dass wir nicht nur durch äußere Landschaften, sondern auch durch die inneren Weiten unseres Seins wandern.

Jede Himmelsrichtung bietet ihre eigenen Lektionen, Herausforderungen und Gaben. Der Weg des Kriegers ist ein Weg der ständigen Transformation, bei dem das Ziel nicht die Vollendung, sondern das Erwachen zu einer tieferen Wahrheit und einem höheren Dienst ist. Das Rad fordert uns auf, die Balance zwischen den Elementen, den Energien und den verschiedenen Ebenen unseres Seins zu finden – zwischen Körper, Geist und Seele, zwischen Himmel und Erde, zwischen Innen und Außen.

Der Krieger, der das Rad durchschreitet, lernt, dass das Leben nicht linear ist, sondern ein spiralförmiger Prozess, in dem wir immer wieder auf neue Weise zu den gleichen Lektionen zurückkehren, aber mit tieferem Verständnis und größerer Weisheit. Es ist ein Tanz zwischen Licht und Dunkelheit, zwischen Feuer und Wasser, zwischen Materie und Geist. Im Zentrum des Rades, in der Mitte des Kriegers selbst, liegt das Geheimnis des Lebens, die unendliche Quelle der Schöpfung, die in jedem Herzschlag, in jedem Atemzug und in jeder Vision pulsiert.

Der Weg des Kriegerrads ist ein heiliger Pfad, auf dem der Krieger lernt, nicht nur für sich selbst, sondern für das Wohl aller Wesen zu kämpfen. Das Rad ist das Universum, und der Krieger ist ein Teil dieses ewigen heiligen Kreislaufs, der die Einheit von allem in sich trägt.

Die heiligen Tore des Kriegerrads

Das Kriegerrad wird oft durch tiefe, schamanische Rituale belebt und erfahrbar gemacht. Diese Rituale dienen als Tore, die den Krieger in die spirituellen Reiche führen und ihm ermöglichen, sich mit den Kräften der Elemente, der Himmelsrichtungen und der Ahnen zu verbinden. In jeder Himmelsrichtung finden Zeremonien statt, die das Herz und den Geist auf bestimmte Energien ausrichten. Diese Rituale können sowohl einfache als auch komplexe Formen annehmen, aber sie haben stets das Ziel, das Gleichgewicht im Inneren und im Äußeren zu fördern.

Im Osten, dem Element des Feuers und der Vision, kann der Krieger eine Zeremonie durchführen, in der er seine inneren Visionen entfacht. Hier könnte er eine Kerze anzünden oder ein Feuerritual durchführen, um das innere Feuer zu nähren und neue Einsichten zu empfangen. Diese Rituale des Ostens helfen dem Krieger, seine Absichten zu klären und seine Verbindung zur göttlichen Inspiration zu stärken.

Im Süden, dem Element der Erde, können Erdrituale durchgeführt werden, die den Krieger erden und mit der materiellen Welt verbinden. Hier könnten Steine oder Pflanzen in Zeremonien verwendet werden, um den Körper und den Geist zu erden. Der Krieger lernt in diesen Ritualen, wie er in der Materie präsent bleibt, wie er sich stabilisiert und fest in seiner physischen Realität verankert.

Der Westen, das Element des Wassers, erfordert oft Reinigungsrituale. Der Krieger könnte ein „Wassergefäß" verwenden, um sich symbolisch oder tatsächlich zu reinigen. Diese Zeremonien sind dafür da, die emotionalen Blockaden zu lösen und den Fluss der inneren Wasser zu klären. Oft wird hierbei auch die Ahnenlinie geehrt, da der Westen das Reich der Ahnen ist, und der Krieger kann durch Gebete und Gesänge in Kontakt mit den weisen Stimmen seiner Vorfahren treten.

Im Norden, dem Reich der Luft und der Weisheit, werden häufig Rauchrituale durchgeführt, in denen der Krieger den Rauch von Kräutern oder Harzen verwendet, um Klarheit und geistige Reinheit zu erlangen. Hier könnte er die heiligen Winde einladen, um seine Gedanken zu klären und seine Intuition zu schärfen. Diese Rituale helfen, den Geist ruhig und fokussiert zu halten und die Weisheit des Kosmos zu empfangen.

Jede Zeremonie in den Himmelsrichtungen dient dem Ziel, die Energien auszuba-
lancieren und das innere Gleichgewicht zu finden. Sie bieten dem Krieger die Möglichkeit, sich in tiefer Achtsamkeit mit dem Universum und seinen eigenen inneren
Kräften zu verbinden.

Der heilige Punkt der Stille

Im Zentrum des Kriegerrads liegt der Ort der Mitte, ein Punkt tiefer Stille und Harmonie. Diese Mitte ist das Herz des Rades, der Punkt, an dem alle Energien zusammenlaufen und in Einklang gebracht werden. Es ist der Ort, an dem der Krieger die Verbindung zu allem spürt, was ist das Zentrum des Seins, das Zentrum der Schöpfung.

Die Mitte des Rades repräsentiert den Ort des unbeteiligten Zeugen, den Punkt im Inneren, von dem aus der Krieger die Welt und sich selbst beobachten kann, ohne an den äußeren Umständen festzuhalten. Diese Mitte ist ein Ort reiner Bewusstheit, an dem der Krieger die Polaritäten des Lebens, Licht und Dunkelheit, Chaos und Ordnung, Bewegung und Stille in sich integriert. Es ist ein heiliger Ort der Ruhe, der den Krieger daran erinnert, dass alle äußeren Veränderungen, letztlich zu diesem Zentrum führen.

Im schamanischen Sinne ist die Mitte des Rades auch der Ort der Heilung. Hier trifft der Krieger auf die Kraft der Ganzheit, der Einheit mit der Welt. In vielen Traditionen wird die Mitte des Rades als Axis Mundi, die Weltachse, angesehen, durch die der Krieger direkten Zugang zu den spirituellen Welten erhält. Durch Meditationen oder Rituale in der Mitte des Rades lernt der Krieger, seine Energie zu zentrieren und in den Zustand des inneren Friedens einzutreten.

Es ist der Ort, an dem der Krieger erkennt, dass das Rad des Lebens zwar ewig kreist, er jedoch in seinem Innersten immer still und unbewegt bleibt – der ewige Beobachter, der den Fluss der Zeit und der Veränderung miterlebt, ohne selbst davon berührt zu werden.

Die Reise zur inneren Meisterschaft

Das Kriegerrad ist nicht nur ein Werkzeug zur Orientierung im Leben, sondern ein Pfad des spirituellen Wachstums. Jeder Schritt auf dem Rad, jede Begegnung mit einer neuen Himmelsrichtung, ist eine Lektion, die den Krieger weiter in seine innere Meisterschaft führt. Diese Meisterschaft ist jedoch kein Zustand des „Höherseins", sondern eine tiefe Demut gegenüber den Mysterien des Lebens und ein ständiges Lernen.

Spirituelles Wachstum im Kriegerrad bedeutet, der Krieger lernt, Verantwortung für sein Leben zu übernehmen. Die Himmelsrichtungen zeigen ihm, dass er selbst der Schöpfer seines Schicksals ist und dass jede Entscheidung, jede Handlung eine Konsequenz hat. Im Osten lernt der Krieger, seine Visionen zu schärfen und in Einklang mit den höheren Kräften zu bringen. Im Süden erkennt er, wahre Stärke wird nur durch Erdung und die Akzeptanz seiner physischen Realität erlangt. Im Westen erfährt er, tiefe Heilung ist nur durch die Begegnung mit den eigenen Emotionen und Schatten möglich. Und im Norden versteht er, wahre Weisheit liegt in der Fähigkeit, sich von der Welt zurückzuziehen und die Lehren des Lebens zu verinnerlichen.

Dieses spirituelle Wachstum ist ein Kreisprozess, in dem der Krieger immer wieder neue Ebenen seiner selbst entdeckt. Mit jedem Durchgang des Rades geht er tiefer, und mit jeder Runde wird seine Verbindung zur inneren Wahrheit stärker. Spirituelles Wachstum bedeutet im Kriegerrad nicht nur, mehr zu wissen oder mehr Macht zu erlangen, sondern tiefer in die „Weisheit des Herzens" einzutauchen. Der Krieger lernt, dass wahre Meisterschaft darin liegt, „dienend" zu sein – der Gemeinschaft, der Erde, dem Kosmos.

Das Rad als Spiegel des Universums

Das Kriegerrad ist nicht nur ein Symbol für das persönliche Leben, sondern auch ein Mikrokosmos des Universums selbst. Die Zyklen der Natur, der Planeten und Sterne spiegeln sich im Rad wider, und der Krieger lernt, dass er nicht nur Teil der Erde, sondern Teil des gesamten Kosmos ist. Im Schamanismus ist der Krieger niemals allein – er ist immer mit den Kräften des Universums verbunden, die ihn auf seiner Reise unterstützen.

Jede Himmelsrichtung des Rades ist mit bestimmten kosmischen Energien verbunden. Der Osten repräsentiert den Aufgang der Sonne und den neuen Tag, aber auch die Geburt von Sternen und Galaxien. Der Süden steht für die physische Manifestation von Sternenstaub und Materie, die zu Erde und Leben wird. Der Westen symbolisiert die Sterne, die fallen und vergehen, das Ende von Zyklen und den Übergang in neue Welten. Der Norden schließlich ist das Reich der *ewigen Weiten* des Kosmos, wo alles still und in Weisheit ruhend ist.

Der Krieger kann das Rad nutzen, um sich mit diesen *kosmischen Zyklen* zu synchronisieren. So wie die Planeten ihre Bahnen ziehen und die Sterne am Himmel leuchten, so bewegt sich auch der Krieger durch die Zyklen des Lebens. Durch Rituale und Meditationen kann er sich mit den Energien des Mondes, der Sonnenwenden, der Tagundnachtgleichen und den Rhythmen der Sterne verbinden. Das Rad erinnert den Krieger daran, er ist Teil eines großen, unendlichen Tanzes – ein Tanz, der die Sterne am Himmel und die Seele im Inneren umfasst.

Der Archetyp des Kriegers im Kriegerrad

Das **Kriegerrad** ist eine symbolische Darstellung der Reise des spirituellen Kriegers, die ihn durch die vier Himmelsrichtungen führt – jede mit ihrer eigenen Lektion, ihren Prüfungen und ihren Möglichkeiten zur Transformation.

Diese Reise ist mehr als ein äußerer Pfad; sie ist ein tiefes, inneres Wachstum, das den Krieger dazu befähigt, mit Mut, Weisheit und Mitgefühl zu handeln und seine Kraft zum Wohle der Gemeinschaft einzusetzen.

Der Osten – Klarheit und Neuanfang

Der Osten ist der Ort des Neubeginns und der Klarheit. In dieser Himmelsrichtung tritt der Krieger in das Licht des Morgens und beginnt, seine Visionen und Ziele zu formulieren. Der Osten symbolisiert den Sonnenaufgang und das Erkennen des eigenen Potenzials. Hier lernt der Krieger, seine Intentionen zu setzen und mit frischem Mut und Hoffnung in die Welt zu blicken.

Ein Beispiel: Ein Krieger, der sich für den Weg der Heilung entscheidet, beginnt hier, seine Absicht klar zu formulieren – sei es, Menschen zu unterstützen oder alte Wunden in sich selbst zu heilen. Diese Richtung gibt ihm die Energie des Anfangs und den Fokus, den er benötigt, um seinen Pfad zu finden und ihn mit innerer Klarheit zu gehen.

Der Süden – Mut und Entschlossenheit

Im Süden begegnet der Krieger der Qualität des Mutes. Hier wird er mit dem inneren Feuer konfrontiert, das ihn antreibt und seine Ängste in die Tatkraft verwandelt. Der Süden repräsentiert die Fähigkeit, Entscheidungen zu treffen und zu handeln, selbst wenn die Richtung ungewiss ist. Der Krieger nimmt seine Angst an, doch er lässt sich von ihr nicht lähmen. Stattdessen wird sie zu seinem Antrieb, weiterzugehen, auch wenn die Herausforderungen groß erscheinen.

Ein Beispiel: Wenn der Krieger vor einem schwierigen Gespräch steht oder vor einer Situation, die Unbehagen bereitet, erinnert ihn der Süden daran, dass Mut nicht die Abwesenheit von Angst ist, sondern das Handeln trotz der Angst. Dieses Feuer des Mutes wird zur Kraftquelle, die ihn vorantreibt.

Der Westen – Schattenarbeit und Selbstheilung

Der Westen ist der Ort der tiefen Selbsterkenntnis und der Schattenarbeit. Hier begibt sich der Krieger in das Innere, wo er den ungeliebten und verdrängten Teilen von sich selbst begegnet. Der Westen symbolisiert die Dunkelheit und die Nacht, die aber auch den Raum bietet, um verborgene Verletzungen und alte Wunden ans Licht zu bringen und zu heilen. Der Krieger erkennt, dass der wahre Feind nicht im Außen liegt, sondern in den ungelebten und unverarbeiteten Aspekten des eigenen Wesens.

Ein Beispiel: Der Krieger, der sich mit Schuldgefühlen oder alten Schmerzen aus der Vergangenheit konfrontiert sieht, lernt im Westen, diesen Schmerz anzunehmen und zu transformieren. Es ist ein Prozess der Vergebung, in dem er sich selbst und anderen verzeiht, um frei zu werden und die Schatten als Teil seiner Geschichte zu integrieren.

Der Norden – Weisheit und Reflexion

Im Norden wird der Krieger still und reflektiert die Lektionen, die er auf seiner Reise gelernt hat. Diese Richtung steht für Weisheit, Gelassenheit und das tiefe Verstehen, dass wahre Stärke in der Balance und der inneren Ruhe liegt. Im Norden nimmt sich der Krieger die Zeit, zu reflektieren und die Botschaften des Lebens in sein Herz zu integrieren. Er erkennt, dass jede Erfahrung – ob Freude oder Schmerz – ihn zu dem gemacht hat, der er heute ist.

Ein Beispiel: Ein Krieger, der Jahre mit dem inneren und äußeren Kampf verbracht hat, setzt sich nun im Norden hin und erkennt, dass sein größter Sieg nicht im Überwinden anderer, sondern im Verstehen und Annehmen seiner eigenen Reise liegt.

Die Weisheit des Nordens lehrt ihn, dass er die Wahrheit nicht erzwingen, sondern nur in der Stille finden kann.

Der Kreis schließt sich: Der Krieger als Diener des Großen Ganzen
Wenn der Krieger die vier Richtungen durchlaufen hat, kehrt er nicht als derselbe zurück. Der Kreis schließt sich, und er erkennt, dass jede Phase seines Lebens und jede Herausforderung ihn darauf vorbereitet hat, zum Wohle der Gemeinschaft zu wirken. Im Einklang mit sich selbst und den Zyklen der Erde steht der Krieger nun im Dienst des Ganzen – nicht als Herrscher, sondern als weiser Begleiter.
Die Lektionen des Kriegerrades lehren, dass wahre Stärke nicht in Macht, sondern in Hingabe liegt, und dass der größte Sieg des Kriegers in der Heilung und Befreiung seiner selbst liegt.

Das Rad als Spiegel der Verbindung zur Natur

Dem schamanischen Denken liegt die Verbindung zur Natur im Herzen jedes Gedankens, jeder Handlung und jeder Lehre. Der spirituelle Krieger versteht, dass die Natur nicht bloß eine Kulisse ist, vor der sein Leben stattfindet – sie ist vielmehr ein lebendiger Spiegel, ein tiefgehender Lehrmeister und eine Quelle für Weisheit, Heilung und Wandel.

Die Himmelsrichtungen des Kriegerrads sind für ihn keine bloßen Symbole, die sich in abstrakten Konzepten erschöpfen. Vielmehr erkennt er sie in allem, was ihn umgibt: in den Landschaften, den Tieren, den Pflanzen und den Jahreszeiten, die ihn stets begleiten und ihm den Rhythmus des Lebens offenbaren.

Stell dir vor, du stehst im Süden, dem Element der Erde. Hier, wo der Boden unter deinen Füßen fest und stabil ist, lernst du, was es bedeutet, verwurzelt zu sein. Du spürst die Energie der Erde, die tief aus dem Inneren kommt, und merkst, wie sie dich nährt und trägt. Die Erde ist geduldig und still; sie urteilt nicht, sie fordert nichts. Sie hält einfach alles aus, was du mitbringst – deine Ängste, deine Zweifel, aber auch deine Freuden und Hoffnungen. Sie erinnert dich daran, dass jeder Samen, den du pflanzt, Wurzeln schlagen und wachsen kann, wenn du ihm Zeit gibst.

Der Krieger, der den Süden betritt, spürt, dass die Erde ihm den Halt gibt, den er für seinen Weg braucht, die Grundlage, auf der er sein Leben aufbauen kann. Die Erde ist der Ursprung allen Lebens und der Ort, zu dem wir am Ende alle zurückkehren. Diese Einsicht erfüllt den Krieger mit Demut und Dankbarkeit für alles, was ihm das Leben schenkt – und was es ihm nimmt.

Im Osten erhebt sich die Sonne, das Element des Feuers, und die Welt wird in ihr goldenes Licht getaucht. Hier, in dieser Richtung des Neubeginns, erfährt der Krieger die Kraft der ersten Sonnenstrahlen, die sanft über die Erde streichen und den Nebel vertreiben. Es ist ein Moment der Klarheit, der Erneuerung und der

Inspiration. Der Krieger erkennt, dass das Feuer des Ostens nicht nur in der Sonne lodert, sondern auch in ihm selbst – als brennende Sehnsucht, als Vision, die darauf wartet, verwirklicht zu werden. Die Natur zeigt ihm, selbst die dunkelste Nacht wird von einem neuen Morgen abgelöst, das Feuer der Sonne ist ein Zeichen dafür, nie aufzugeben, sondern stets nach vorn zu schauen. Das Feuer ist eine treibende Kraft, die uns antreibt und inspiriert, über unsere Grenzen hinauszuwachsen, alte Muster zu verbrennen und Raum für das Neue zu schaffen.

Im Westen, der Richtung des Wassers, begegnet der Krieger den sanften und wilden Gewässern der Welt – den tiefblauen Seen, den mächtigen Flüssen und den endlosen Ozeanen. Wasser ist ein Element, das Leben nährt, aber es kann auch alte Strukturen mit sich reißen, wenn die Zeit gekommen ist, Platz für Neues zu schaffen. Der Krieger lernt hier, dass er nicht gegen den Fluss des Lebens ankämpfen kann. Stattdessen muss er lernen, sich ihm hinzugeben, ihm zu vertrauen und sich in seinen Wellen tragen zu lassen.

Der Westen lehrt ihn, dass Veränderung nicht bedrohlich, sondern notwendig ist, um zu wachsen. Es ist das Wasser, das ihn reinigt, das alte Lasten von ihm wäscht und ihm die Möglichkeit gibt, neu anzufangen. Es ist ein Prozess der Transformation, und er erkennt, dass jede Emotion, jeder Schmerz und jede Freude ihren eigenen Platz in seinem Leben hat, genau wie jeder Fluss seinen Weg findet.

Schließlich tritt der Krieger in den Norden, das Reich der Luft und der Weisheit. Hier, wo die Winde kühl und die Berge hoch und unerreichbar erscheinen, fühlt er die Klarheit, die nur in der Stille zu finden ist. Die Luft des Nordens ist rein und scharf, sie durchdringt ihn bis auf die Knochen und bringt eine seltene Form der Ruhe mit sich. Es ist eine Ruhe, die ihm erlaubt, loszulassen. Loszulassen, was ihn beschwert und ihn zurückhält.

Die Winde des Nordens flüstern ihm zu, dass Weisheit nicht in der Anhäufung von Wissen liegt, sondern im Verstehen, was wirklich wichtig ist. Der Krieger begreift, dass er die Welt nicht kontrollieren kann, aber er kann lernen, mit ihr zu atmen, sich mit ihr zu bewegen und ihren Rhythmen zu folgen. Der Nordwind öffnet ihm die Augen für die Dinge, die er hinter sich lassen muss, um wahrhaft frei zu sein, und erfüllt seinen Geist mit der unendlichen Weite des Himmels, der über ihm liegt.

Der Krieger ist eins mit diesen vier Richtungen, mit den Elementen und den Lehren, die sie ihm schenken. Er geht seinen Weg, getragen von der Erde, erleuchtet vom Feuer, gereinigt vom Wasser und geleitet von der Luft. Jeder Schritt erinnert ihn daran, dass er Teil eines größeren Ganzen ist, eines Netzwerks des Lebens, das ihn umgibt und ihm beständig neue Lektionen bereithält. Die Natur ist nicht nur seine Lehrerin – sie ist seine Verbündete, seine Spiegelung, sein Zuhause. Und so wird das Rad des Lebens für ihn zu einem Kreislauf des Wachstums, der ihn auf eine immer tiefere Reise zu sich selbst führt, auf der er erkennt, dass alles, was er sucht, bereits in ihm vorhanden ist.

Innere und äußere Heilung im Kriegerrad

Das Kriegerrad ist nicht einfach ein Werkzeug; es ist ein lebendiger, atmender Pfad der Selbsterkenntnis und Transformation, ein System, das uns zeigt, wie wir die vielen Facetten unserer inneren Welt und unserer Beziehung zur äußeren Welt miteinander verweben können.

Für den Krieger ist das Rad nicht nur ein Symbol – es ist eine Landkarte, die ihn durch das Dickicht seiner eigenen Erfahrungen, Wunden und Hoffnungen führt. Es ist wie ein vertrauter, aber stets geheimnisvoller Begleiter, der ihn dazu einlädt, tiefer zu blicken und sich von den heilenden Energien der vier Hauptrichtungen und ihren Zwischenräumen berühren zu lassen.

Stell dir vor, du stehst am Anfang des Weges und blickst auf das Rad. Jeder Abschnitt, jeder Hauch der Natur, jede Himmelsrichtung hält eine besondere Energie bereit, die dich in deinen Heilungsprozess führen kann. Es ist, als würde das Rad dich an die Hand nehmen und dir flüstern: "Hier wirst du etwas über dich selbst entdecken, etwas, das dich von innen heraus stärken und verändern wird."

Beginnen wir im Süden, der Richtung der Erde, des Fundaments und des Körpers. Hier erfährt der Krieger Heilung auf einer zutiefst physischen Ebene. Der Süden erinnert ihn daran, dass alles Leben und jede Kraft ihren Ursprung im physischen Sein hat. Es ist die Richtung, die uns in die Wurzeln des Lebens und in die Tiefen unserer eigenen Verwurzelung zurückführt.

Der Krieger lernt, sich mit der Erde zu verbinden, seinen Körper zu spüren und anzunehmen. Diese Verbindung zur Erde hilft ihm, sich von Schmerzen, Verletzungen und jeglicher Schwere zu befreien, die ihn möglicherweise festhält. Es ist eine Rückkehr in die eigene Kraft, in das Urvertrauen, dass der Körper ihm alle Werkzeuge und Fähigkeiten schenkt, die er für seine Reise benötigt.

Der Süden lehrt ihn, sich selbst zu nähren, sich zu respektieren und sich auch in Zeiten der Schwäche zu lieben. Der Boden unter seinen Füßen, die Wärme der Erde, die Stille des Waldes – all das vermittelt ihm Heilung und Erdung, die er als Grundlage für seine innere Reise benötigt.

Im Westen, der Richtung des Wassers, erlebt der Krieger eine emotionale Heilung. Der Westen, mit seiner Tiefe und seiner fließenden Natur, führt ihn durch die Weiten seiner eigenen Gefühle, Ängste und Wünsche. Hier erkennt er, dass jede Welle, jeder Strom, jedes Rinnsal des Wassers, eine Lektion birgt.

Die heilenden Energien des Westens helfen ihm, tief in sich selbst einzutauchen, vergangene Wunden zu berühren und alte Schmerzen anzunehmen. Das Wasser reinigt ihn von all dem, was er unbewusst festgehalten hat, und gibt ihm die Freiheit, emotionale Lasten loszulassen, die ihm auf seinem Weg nicht mehr dienen. Der Krieger begreift, dass er die Strömungen des Lebens nicht kontrollieren kann, dass sie jedoch immer eine heilende Kraft in sich tragen, wenn er sich ihnen hingibt.

Das Wasser des Westens zeigt ihm, wie wichtig es ist, seine Gefühle anzunehmen und ihnen Raum zu geben. Diese Heilung ist oft tief und kraftvoll; sie befreit ihn von inneren Blockaden und öffnet ihm neue Perspektiven, neue Ufer in ihm selbst.

Und dann kommt der Krieger in den Norden, die Richtung der Luft und der Weisheit. Hier spürt er eine Heilung, die seinen Geist klärt und ihn ermutigt, Ballast abzuwerfen. Der Norden ist die Richtung der Reflexion und der tiefen Einsicht, ein Ort der Klarheit und des Loslassens.

Die heilenden Winde des Nordens helfen dem Krieger, seine Gedanken zu ordnen, sich von negativen Überzeugungen zu befreien und die Lehren seiner bisherigen Erfahrungen zu verstehen. Es ist eine Reinigung des Geistes, eine Rückkehr zur Klarheit, die nur durch die stille Betrachtung und das tiefgehende Nachsinnen erreicht werden kann.

Der Krieger lernt hier, dass Weisheit nicht im Festhalten liegt, sondern im freien Fluss.

Der Norden lehrt ihn, dass auch sein Geist Heilung benötigt – eine Heilung, die durch das Lösen von alten Vorstellungen und Erwartungen entsteht, die ihn lange belastet haben. Die Luft des Nordens erfrischt und erneuert seine Gedanken, lässt ihn leicht und frei werden, bereit für das, was vor ihm liegt.

Wenn der Krieger in den Osten tritt, das Reich des Feuers und der Inspiration, begegnet er der Heilung auf einer spirituellen Ebene. Der Osten ist die Richtung des Neubeginns, der Aufbruchsstimmung, des frischen Mutes. Hier erwacht das Feuer der Seele, und der Krieger lernt, das innere Licht in sich zu entzünden, das ihn durch alle Dunkelheiten führen kann. Die Heilung, die der Osten bietet, ist eine, die ihn von alten Ängsten, Blockaden und einschränkenden Überzeugungen befreit.

Er erkennt, dass die Flamme des Ostens seine innersten Schatten erhellen und ihn dazu ermutigen kann, einen neuen Weg einzuschlagen. Das Feuer verbrennt alte Wunden und Verletzungen, die ihn aufhalten, und lässt Raum für die Visionen und Träume, die ihn vorwärts ziehen.

Der Krieger erkennt, dass das Licht des Ostens ihm die Kraft gibt, Altes hinter sich zu lassen und sich mit einem offenen Herzen auf das Leben einzulassen. Es ist eine Heilung, die sich anfühlt wie ein erfrischender Sonnenaufgang nach einer langen, kalten Nacht.

Doch die Heilung, die das Rad bietet, endet nicht bei den vier Hauptrichtungen. In den Zwischenräumen – den Augenblicken, in denen der Krieger zwischen einer Richtung und der anderen wandert – findet er eine Art von innerer Integration und Balance. Diese Räume erinnern ihn daran, dass Heilung ein fließender, ununterbrochener Prozess ist, ein Tanz zwischen den Elementen, eine ständige Reise, die ihn immer tiefer zu sich selbst führt.

Das Kriegerrad ist für den Krieger mehr als eine Orientierung; es ist ein Lehrer, ein Begleiter, ein Heiliger Raum, in dem er seine Wunden heilen und seine Kräfte erneuern kann.

Es erinnert ihn daran, dass Heilung kein einmaliger Moment ist, sondern eine kontinuierliche Reise, die mit jedem Schritt auf seinem Pfad weitergeht. Und in dieser Reise erfährt der Krieger eine Verbindung, die ihm zeigt, dass Heilung nicht nur für ihn selbst bestimmt ist, sondern für die Welt, in der er lebt und mit der er sich zutiefst verbunden fühlt.

Das Rad wird so zum Symbol des ewigen Kreislaufs, der in jedem von uns lebt und uns stets zur Heilung ruft – in allen Bereichen unseres Seins.

Krafttiere als Wegweiser des Kriegers im Medizinrad

In den tiefen Weiten der schamanischen Welt sind es die Krafttiere, die wie verborgene Verbündete an unserer Seite stehen. Sie sind mehr als Symbole – sie sind lebendige Energien, archaische Archetypen und spirituelle Lehrer, die den Krieger auf seiner Reise begleiten, ihn herausfordern und ihm neue Perspektiven schenken. Im Medizinrad, das den Kreislauf des Lebens und die kosmischen Gesetze abbildet, entfalten die Krafttiere ihre Weisheit, die uns als Krieger dabei hilft, die Rätsel der vier Himmelsrichtungen zu entschlüsseln.

Im Osten, dort, wo die Sonne täglich neu den Himmel entzündet, begegnen wir dem Adler. Er ist mehr als nur ein Tier der Lüfte, er ist das Sinnbild für Klarheit, Mut und die Gabe, über den Dingen zu schweben. Wenn ein Krieger den Adler an seiner Seite spürt, erkennt er, dass er aufgefordert wird, seinen Horizont zu erweitern. Der Adler fliegt hoch, seine Flügel durchschneiden die Winde, und von oben schaut er auf das Land, das sich unter ihm ausbreitet. Er lehrt den Krieger, der Schlüssel zur Erkenntnis liegt darin, sich von der Erdenschwere zu lösen, um das große Ganze zu sehen.

Mit jedem Flug des Adlers, der sich wagemutig in die Höhen erhebt, wird auch der Krieger daran erinnert, dass wahre Vision Mut erfordert – den Mut, den ersten Schritt zu machen, auch wenn man das Ziel noch nicht klar vor Augen hat. Der Adler fordert ihn auf, sich von alten Begrenzungen zu lösen und die eigene Vision in die Welt zu tragen.

Im Süden des Medizinrades, wo die Kraft der Erde am stärksten ist, wartet der Wolf. Der Wolf steht nicht allein für Wildheit und Instinkt; er symbolisiert die Kraft der Gemeinschaft, die durch gegenseitigen Beistand überlebt und zum wächst. Wenn der Wolf an die Seite des Kriegers tritt, lehrt er ihn, Stärke liegt oft im Miteinander, es gilt Verbündete zu finden, die uns in unserer Menschlichkeit unterstützen.

Der Wolf flüstert dem Krieger zu, auch du bist ein Teil eines größeren Ganzen und wirst von den Energien deiner Ahnen und Gefährten getragen. Hier im Süden lernt der Krieger, wahre Stärke wurzelt im Herzen und die Bande der Gemeinschaft sind wie ein schützendes Netz, das ihn auch durch die Stürme des Lebens trägt. Der Wolf ermutigt den Krieger, seiner inneren Stimme zu lauschen und seine ureigene, intuitive Kraft zu entfalten.

Im Westen, dem Reich der Dunkelheit und der untergehenden Sonne, tritt der Bär hervor. Der Bär ist ein Symbol für Stärke, aber auch für Stille und Rückzug. In seiner Fähigkeit, sich in den tiefen Schlaf des Winters zu begeben, bringt er dem Krieger die Kunst des Loslassens und der inneren Einkehr näher. Der Bär lehrt ihn, es ist manchmal notwendig, sich zurückzuziehen, um das innere Gleichgewicht wiederzufinden.

Der Krieger, der dem Bären begegnet, lernt, dass wahre Heilung aus der Tiefe des eigenen Wesens kommt. Der Bär fordert ihn auf, sich seinen eigenen Schatten zu stellen, seine Wunden zu betrachten und in die Dunkelheit seiner Seele hinabzusteigen, um die Schätze zu bergen, die dort verborgen sind. Es ist eine Lektion in Geduld, denn der Bär weiß, alles hat seine Zeit und Heilung oft aus der Ruhe entsteht.

Schließlich, im Norden, der Heimat des Winters und der Weisheit, erscheint zum Beispiel die Eule. Mit ihren großen, durchdringenden Augen sieht sie das, was anderen verborgen bleibt. Die Eule ist die Wächterin des Unbewussten, der geheimnisvollen Welt hinter den Schleiern der Illusion. Sie lehrt den Krieger, mit geschärften Sinnen und einem offenen Geist durchs Leben zu gehen.

In der Stille der Nacht vermittelt die Eule dem Krieger, wahre Weisheit besteht darin, auf die leisen Stimmen der inneren Welt zu lauschen und sich selbst als Schüler des Lebens zu betrachten. Sie erinnert ihn daran, Einsicht liegt oft im Unausgesprochenen und das, was wir nicht sehen, oft genauso bedeutungsvoll ist wie das

Offensichtliche. Die Eule fordert den Krieger heraus, über die Grenzen des Sichtbaren hinauszugehen und das Verborgene in sich selbst zu entdecken.

Diese Krafttiere sind nicht bloße Begleiter auf der Reise – sie sind Spiegel des Kriegers. Sie halten ihm die Qualitäten vor Augen, die in ihm schlummern und nur darauf warten, geweckt zu werden. Jedes dieser Tiere zeigt ihm etwas von seiner eigenen Natur und fordert ihn auf, tief in seine Seele zu blicken. Der Adler ruft zur Vision auf, der Wolf erinnert an die Bedeutung der Gemeinschaft, der Bär an die Kraft der Heilung und die Eule an die Weisheit des Geistes.

Der Krieger ist mit jedem Schritt, den er im Medizinrad geht, auch auf einer Reise zu sich selbst. Die Krafttiere führen ihn durch die Zyklen von Leben und Tod, von Licht und Dunkel, und jede Begegnung lässt ihn stärker, weiser und ein Stück näher bei sich selbst. Sie sind die Wegweiser, die ihn lehren, wie er sich selbst in der Tiefe erkennt und seine inneren Kräfte entfaltet. Und so geht der Krieger weiter, immer begleitet von seinen Verbündeten – ein Wanderer im Rad des Lebens, dessen Pfad ihm von den Krafttieren gezeigt wird.

Die Reise zum Schatten
Die Integration der dunklen Aspekte

In der Reise des spirituellen Kriegers gibt es eine Phase, die tief, kraftvoll und unheimlich zugleich ist – die Reise zum Schatten. Es ist nicht einfach nur ein Prozess der Selbstkonfrontation, sondern ein emotionales und damit zitterndes Aufeinandertreffen mit jenen Teilen in uns, die oft im Dunkeln warten, abseits des Lichts, das wir gewohnt sind. Schatten, die sich wie alte, längst vergessene Erinnerungen in den Tiefen unserer Seele verbergen, und sich gerade dann zeigen, wenn der Krieger sich ihnen am wenigsten entziehen kann. Diese Reise ist keine Option, keine Wahl, sondern eine unausweichliche Begegnung mit sich selbst, ein dunkler Spiegel, der keine Ausflüchte erlaubt.

Auf dem Weg durch das Medizinrad, besonders in den westlichen und nördlichen Richtungen, wird der Krieger mit seiner inneren Dunkelheit konfrontiert. Die westliche Richtung, symbolisiert durch den Sonnenuntergang, bringt jene Momente des Rückzugs mit sich, in denen alte Wunden, vergessene Ängste und tief sitzende Trauer wie Gespenster auftauchen und die Seele durchdringen.

Hier im Westen, wo das Licht des Tages stirbt und die Dunkelheit unaufhaltsam vordringt, wird der Krieger an seine tiefsten seelischen Verletzungen erinnert. Es ist wie ein Schritt in einen unbekannten Raum, erfüllt von Schatten und Erinnerungen, die leise flüstern und an die eigene Zerbrechlichkeit erinnern.

Für den Krieger bedeutet dies, die schmerzvolle Vergangenheit zu betreten, ohne die Augen zu verschließen – er erfährt seine Trauer, seine Wut und seine Ängste in ihrer vollen Intensität. Oft ist es das kindliche Selbst, das uns in diesen dunklen Momenten begegnet, das kleine verletzte Wesen, das wir einst waren. Hier entdeckt der Krieger, dass die Schatten keine Gegner sind, die bezwungen werden müssen. Sie sind Teile des eigenen Wesens, die geheilt werden wollen. Durch Rituale, stille Meditationen und die Begegnung mit Ahnen und spirituellen Führern lernt er, diese

Wunden in sich zu hegen und ihnen zuzuhören, bis sie von einer Quelle der Schwäche zu einer Quelle der Kraft werden.

Im Norden wird die Reise nicht leichter; sie wechselt nur ihre Gestalt. Hier, in der kühlen, klaren Luft des Nordens, begegnet der Krieger den mentalen Schatten, seinen Gedanken und Überzeugungen, die sich wie ein undurchdringliches Netz um seinen Geist gewoben haben. Alte Glaubenssätze, die über Generationen hinweg weitergegeben wurden, und geistige Illusionen, die uns glauben lassen, wir wären begrenzt und unzulänglich – all das wird vom Wind des Nordens an die Oberfläche geweht. Es ist ein Ort der Klarheit, an dem der Krieger erkennt, dass viele dieser Gedanken bloße Konstrukte sind, geschaffen, um das Ego zu schützen und zu stärken.

Doch hier im Norden, wo der Geist vom Wind gereinigt wird, wird der Krieger eingeladen, sich dieser Last zu entledigen. Es ist eine lehrreiche, aber schmerzhafte Erkenntnis: Vieles, was er für real hielt, sind Illusionen, die ihn gefangen hielten. Er lernt, sich selbst zu befreien, indem er die mentalen Schatten, als das erkennt, was sie wirklich sind – verblassende Gespenster in der Nacht des Geistes, die ihn nur dann fesseln können, wenn er ihnen Glauben schenkt. Die Achtsamkeit wird zu seinem Werkzeug, die Selbstreflexion zu seinem Lehrer. Mit jedem bewusst wahrgenommenen Gedanken löst sich eine Fessel, und der Geist wird leichter, klarer, freier.

Doch diese Reise ist kein Spaziergang im Licht – es ist ein tiefer, fordernder Pfad, der den Krieger zwingt, sein eigenes dunkles Erbe zu konfrontieren und zu umarmen. Die Integration des Schattens ist ein Prozess, der tief unter die Haut geht und die Bereitschaft erfordert, all das anzusehen, was im Verborgenen lebt. Der Krieger beginnt zu verstehen, das Dunkle ist nicht sein Feind, sondern ein Teil von ihm, der Liebe, Mitgefühl und Akzeptanz braucht. So, wie die Nacht den Tag ergänzt, gehören auch die Schatten zu ihm.

Indem er seine Schatten integriert, wird der Krieger zu einem vollständigen, ganzheitlichen Wesen. Es ist eine Transformation, die ihn in Einklang mit sich selbst und dem Universum bringt. Die Reise des Schattens wird zu einer Brücke der Erkenntnis, die ihn auf eine tiefere, innere Wahrheit stoßen lässt – eine Wahrheit, die ihm zeigt, ohne Dunkelheit kann es kein Licht geben, und gerade in der Annahme der eigenen Schatten liegt ein einzigartiger Schatz. Dort liegt die Kraft zur Heilung und zur tiefsten Form der Weisheit.

Es ist ein mühsamer, einsamer Weg, den jeder Krieger auf seine Weise geht. Doch am Ende dieser Reise, wenn die Schatten angenommen und transformiert wurden, ist der Krieger nicht mehr derselbe. Er ist gereift, gestärkt und bereit, das Leben aus einer neuen Perspektive zu sehen – einer Perspektive, die das Dunkle nicht mehr als Gefahr, sondern als wertvollen Lehrer betrachtet.

Die Weisheit der Ahnen im Rad

Im großen Rad des Kriegers haben die Ahnen eine besondere, fast greifbare Präsenz – wie ein unsichtbarer Atem, der die Luft erfüllt, ein Flüstern im Wind oder ein leises, kaum wahrnehmbares Klopfen im Herz des Kriegers. Sie sind keine entfernten Schatten der Vergangenheit, sondern geistige Begleiter, die ihn auf seiner Reise mit einer Mischung aus Zärtlichkeit und eindringlicher Weisheit begleiten. Ihre Präsenz verleiht ihm nicht nur Stärke und Orientierung, sondern führt ihn in eine tiefe Verbundenheit mit seinen Wurzeln und mit der Erde, auf der er steht.

Insbesondere im Westen des Kriegerrads, im Reich des Wassers und des Todes, trifft der Krieger auf die Ahnen – jene Seelen, die den Weg des Lebens bereits gegangen sind und ihre Spuren tief in das Rad des Lebens eingebrannt haben. Das Wasser ist hier nicht nur Element, sondern ein Träger der Erinnerung, ein Spiegel der Seele, der die Bilder der Ahnen reflektiert. Wenn der Krieger an diesem Punkt seines Weges steht, öffnet sich ihm ein Raum jenseits der Zeit, ein Raum, in dem die Grenzen zwischen ihm und seinen Vorfahren verschwimmen. Hier erfährt er sie nicht als ferne Vergangenheit, sondern als lebendige Essenz, die ihn auf seiner Reise nährt und formt.

In diesen tiefgehenden und oft transformierenden Begegnungen mit den Ahnen fühlt der Krieger eine ungeahnte Kraft in sich erwachen. Die Ahnen, die er in Visionen und Träumen trifft, sind mehr als nur Begleiter, sie sind Spiegelbilder seiner selbst, Erinnerungen an frühere Leben oder vergangene Seelenreisen, die ihm zeigen, wie tief die Wurzeln seiner Existenz reichen.

Die Weisheit, die sie teilen, ist nicht belehrend oder aufdringlich. Sie fließt leise, wie ein Fluss, der still und doch unerbittlich seine Richtung kennt. Der Krieger fühlt, dass er ein Erbe in sich trägt, eine Weisheit, die größer ist als sein individuelles Ich, und die ihn mit einer langen Linie von Seelen verbindet, die alle den gleichen Pfad beschritten haben.

Die Ahnen sind jedoch nicht nur Blutsverwandte – sie sind auch spirituelle Lehrer und Führer, Seelen, die aus verschiedenen Ebenen der geistigen Welt stammen. Manche von ihnen gehören zu schamanischen Traditionen, die der Krieger studiert und deren Rituale er praktiziert. Andere stammen vielleicht aus einer noch tieferen Dimension, aus einem kollektiven Geist, der das gesamte Universum durchzieht. Sie alle tragen verschiedene Aspekte der Weisheit, und der Krieger lernt, ihre unterschiedlichen Stimmen und Botschaften zu erkennen. Mal spricht ein Ahne in einem leisen, liebevollen Ton, der an alte Geschichten erinnert, mal in einer mächtigen, klaren Botschaft, die wie ein Donnerschlag ist. Doch immer ist ihre Präsenz eine Quelle der Stärkung, der Erdung und des Verständnisses.

Das spirituelle Erbe der Ahnen wirkt wie ein unsichtbares Netz, das den Krieger hält und stützt, wenn er den Herausforderungen seines Weges gegenübersteht. Wenn er im Westen und im Norden des Kriegerrads steht, kann er die Stimmen der Ahnen besonders klar hören. Sie erscheinen in Träumen, die intensiver und lebendiger sind als das Tagesgeschehen, in Visionen, die ihm wie ein Geheimnis offenbart werden, und in Zeremonien, in denen die Trennlinie zwischen Diesseits und Jenseits verschwindet. Die Ahnen flüstern ihm Ratschläge zu, schenken ihm Heilung und halten ihn mit einer unerschöpflichen Geduld, wenn er an sich zweifelt oder in schweren Zeiten den Halt verliert.

Es ist ein heiliges Band, das der Krieger durch Rituale und Meditation pflegt und verstärkt. Indem er sich bewusst mit seinen Ahnen verbindet, öffnet er sich einem universellen Wissen, welches weit über seinen eigenen Horizont hinausgeht. Diese Verbindung erlaubt es ihm, in Harmonie mit den Kräften des Kosmos zu leben, sich als Teil einer größeren Ordnung zu begreifen, die alles Lebendige und auch das Unlebendige umspannt. Die Ahnen führen ihn dabei nicht nur durch die Herausforderungen des Lebens, sondern offenbaren ihm, er ist ein Teil des großen Tanzes des Lebens – ein Tanz, der unendlich ist und in dem jede Seele ihren Platz hat.

In den Augen der Ahnen erkennt der Krieger, dass seine Reise nicht allein seine ist.

Sie ist ein Teil des Ganzen, das die Ahnen, die Lebenden und die kommenden Generationen umfasst. Dieser Gedanke ist es, der dem Krieger die tiefste Art von Mut verleiht: Den Mut, seinen Weg unbeirrbar weiterzugehen, getragen von der Kraft derer, die vor ihm waren, und wissend, dass er selbst eines Tages zu den Ahnen zählen wird, die die Krieger der Zukunft begleiten.

<u>*Übung*</u>

Der Kreis der Ahnen – Eine Reise zu deinen Wurzeln

Diese Übung hilft dir, bewusst in Kontakt mit der Weisheit deiner Ahnen zu treten. Sie stärkt deine Verbindung zur Vergangenheit und öffnet den Raum für Botschaften, die dir auf deinem eigenen Weg als spiritueller Krieger dienen können.

Vorbereitung:
Suche dir einen ruhigen Ort, an dem du ungestört bist. Wenn möglich, entzünde eine Kerze und stelle eine Schale mit Wasser auf – das Wasser symbolisiert das Element des Westens im Kriegerrad und dient als Brücke zur Ahnenwelt.

1. Der Kreis der Ahnen
Setze dich bequem hin und schließe die Augen. Atme tief ein und aus. Stell dir vor, dass du an einem alten, heiligen Ort stehst – vielleicht eine Lichtung im Wald, ein Berggipfel oder eine Höhle. Dies ist dein innerer Begegnungsraum mit deinen Ahnen.

Nun visualisiere, dass sich nach und nach Gestalten um dich versammeln. Vielleicht erkennst du einige von ihnen – verstorbene Verwandte, schamanische Lehrer oder Seelen aus einer längst vergangenen Zeit. Vielleicht sind sie nur Schemen oder eine bloße Präsenz. Lass es zu, ohne Erwartungen.

2. Die Botschaft empfangen

Frage die Ahnen: „Was darf ich heute von euch lernen?"
Achte darauf, was kommt – Bilder, Worte, ein Gefühl, vielleicht
nur eine stille Erkenntnis. Vertraue darauf, dass die Antwort genau so zu dir gelangt, wie du sie jetzt brauchst.

Falls du eine bestimmte Frage hast, stelle sie innerlich. Sei offen
für das, was sich zeigt – manchmal antworten die Ahnen nicht direkt, sondern geben dir Symbole oder Impulse, deren Bedeutung
sich erst später offenbart.

3. Eine Gabe zurückgeben

Dankbarkeit hält die Verbindung lebendig. Biete den Ahnen in
deiner Vorstellung eine Gabe dar – vielleicht eine Blume, eine Feder oder ein Licht. Lass dieses Geschenk in den Kreis fließen und
spüre, wie es sich mit ihrer Energie verbindet.

4. Die Verbindung lösen

Wenn du bereit bist, verabschiede dich respektvoll. Die Ahnen
sind immer da, wenn du sie brauchst, doch es ist wichtig, den
Raum bewusst zu verlassen. Stell dir vor, wie sich der Kreis langsam auflöst und du mit einem Gefühl von Klarheit und Kraft zu-
rückkehrst.

5. Integration ins Hier und Jetzt
Öffne langsam die Augen und schreibe auf, was du erlebt hast:

Welche Botschaften oder Symbole hast du empfangen?

Wie hast du dich gefühlt?

Gibt es etwas, das du in deinem Leben umsetzen möchtest?

Alltagspraxis:
Wiederhole diese Übung regelmäßig, besonders wenn du Rat suchst oder dich orientierungslos fühlst. Die Ahnen sind ein unerschöpflicher Quell der Weisheit – du musst nur zuhören.

Der Kreislauf von Leben und Tod
Die ewige Rückkehr im Kriegerrad

Der **Kreislauf von Leben und Tod** ist ein unverzichtbares Prinzip im Kriegerrad, das dem spirituellen Krieger die ewigen Zyklen der Natur und des Seins offenbart. Im Zentrum des Rades, wo alle Pfade zusammenlaufen, liegt die Erkenntnis, dass unser Dasein kein gerader Weg ist, sondern ein Kreis, ein immerwährender Zyklus von Beginn und Ende, der sich unaufhörlich erneuert. Alles, was lebt, unterliegt diesem Fluss, und auch der Krieger ist Teil dieses ewig währenden Spiels aus Aufblühen und Vergehen.

Schau dir die Natur an – jede Jahreszeit bringt Veränderung, Erneuerung und Abschied. Der Frühling lässt das Leben erblühen, der Sommer bringt die Fülle, der Herbst die Ernte und das Loslassen, während der Winter Ruhe und Stille einläutet. In diesen Rhythmen spiegelt sich das Universum und auch unser eigener Lebensweg wider.

Der Krieger, der dieses Wissen im Herzen trägt, versteht, dass jede Blüte vergänglich und jede Vergänglichkeit ein neuer Samen ist. Dieser Gedanke ist weit mehr als nur eine Philosophie; er ist eine tiefe, erfahrbare Wahrheit, die uns ermutigt, das Leben in all seinen Formen und Phasen anzunehmen.

Der **Süden** repräsentiert das Element **Erde** und symbolisiert den Anfang, das Leben, die Geburt. Hier liegt die Lebenskraft, die uns alle verbindet, die Energie des Werdens und des Wachstums. Der Süden ist der Ort der Fülle, des Lernens und der Begegnung mit dem, was wir im Außen erleben.

Der Krieger erkennt hier die Freude und die Unschuld der Kindheit, die Neugier und das Entdecken. Es ist eine Zeit der Fülle, in der er lernt, die Geschenke des Lebens wertzuschätzen und die Verbindungen zu Menschen und zur Natur zu pflegen.

Er wird eingeladen, das Leben voll auszukosten und alles zu erleben, was das Dasein bietet.

Im **Westen**, dem Element **Wasser** zugeordnet, findet der Krieger die Phase des Loslassens und des Sterbens. Hier begegnet er seinen Ängsten, seinen Schatten und den Verlusten, die das Leben unausweichlich mit sich bringt. Der Westen lehrt ihn, Sterben ist nicht das Ende, sondern der Übergang zu einer neuen Form des Seins. Hier lernt er, jeder Abschied bringt eine innere Reifung mit sich. Vielleicht verlässt ihn eine alte Freundschaft, ein Lebensabschnitt endet, oder ein tiefes Bedürfnis verändert sich.

Der Krieger spürt hier den Schmerz des Loslassens und erkennt, dieser Schmerz wird ihn nicht zerstören, sondern öffnen. Der Westen zeigt ihm, wie wichtig es ist, sich seinen Ängsten zu stellen und alte Glaubenssätze und Muster zu verabschieden, um Raum für Neues zu schaffen.

Der **Norden** steht für das Element **Luft** und die Weisheit des Geistes. Hier zieht der Krieger sich zurück, wird still und reflektiert, was das Leben ihn gelehrt hat. Er ist eingeladen, die gewonnenen Erkenntnisse zu verinnerlichen und sich mit dem Großen Ganzen zu verbinden. Der Norden ist die Richtung der Ältesten, die durch Erfahrungen gereift sind und ihr Wissen nicht mehr aus Büchern, sondern aus dem Leben selbst schöpfen. Der Krieger erfährt hier, dass wahre Stärke nicht aus äußeren Kämpfen, sondern aus innerem Frieden und Klarheit erwächst. Dieser Frieden ist kein starres Ziel, sondern ein Zustand, den er pflegen und kultivieren muss. Er lernt, Loslassen ist ein Akt der Weisheit und in jedem Ende liegt eine Chance zur Erneuerung.

Der **Osten**, mit dem Element **Feuer** verbunden, repräsentiert die Wiedergeburt und den Anfang eines neuen Zyklus. Hier findet der Krieger die Kraft, nach jeder Dunkelheit ins Licht zurückzukehren und mit neuer Klarheit und Leidenschaft den nächsten Schritt zu gehen. Der Osten ist der Sonnenaufgang, das Licht der neuen Möglichkeiten und die Energie des Aufbruchs.

Hier begreift der Krieger, das Leben besteht nicht nur aus Höhepunkten, sondern jeder Rückschritt bereitet ihn auf den Neubeginn vor. Die Erfahrung im Osten erinnert ihn daran, alles, was er gelernt, durchlebt und losgelassen hat, führt ihn auf eine tiefere Ebene zu seiner Selbstentfaltung.

Der Kreislauf von **Leben und Tod** ist kein Widerspruch, sondern ein Tanz, der die Essenz der Existenz ausmacht. Für den Krieger bedeutet dieser Tanz, dass er nichts festhalten und nichts erzwingen kann. Stattdessen muss er lernen, sich dem Fluss hinzugeben und die Zyklen als natürlichen Prozess der Wandlung zu begreifen.

Der Tod ist im schamanischen Sinne nicht nur das Ende des physischen Lebens, sondern das Ende alter Muster und Überzeugungen, die ihn daran hindern, frei und erfüllt zu leben. Ein Krieger stirbt viele kleine Tode in seinem Leben – er lässt alte Glaubensmuster, Beziehungen und Sehnsüchte los, die ihm nicht mehr dienen, um Platz für neue Erfahrungen zu schaffen.

Jeder Sonnenuntergang, jeder Verlust und jede Veränderung bereiten ihn darauf vor, ein neues Licht im Osten zu begrüßen. Der Krieger lernt, das Leben lädt ihn immer wieder ein, sich selbst neu zu definieren, sich neu zu formen und sich mit tieferem Verständnis auf das Wesentliche zu besinnen. So wird er zu einem Teil des ewigen Flusses, einem Zeugen der Schönheit und der Weisheit des Kreises.

Im Zentrum des Kreises erkennt der Krieger schließlich, seine Reise ist keine lineare Abfolge, sondern ein ewiger, zyklischer Prozess der Selbsttransformation. Jeder Schritt, den er geht, jedes Tal und jeder Gipfel, jede Freude und jeder Verlust – alles ist Teil eines großen Musters, das sich stetig erneuert.

Dieser Prozess der Erneuerung ist tief in der Natur und im Universum verwurzelt und offenbart die Einheit von Tod und Wiedergeburt in jedem Moment.

Dieser Kreislauf des Kriegerrads erinnert uns daran, wir kehren immer wieder zurück, um Neues zu lernen, um neue Herausforderungen anzunehmen und um tiefer zu wachsen. Dieser Weg ist nicht für den schnellen Sieg gedacht, sondern für die tiefste Entfaltung und das innere Wachstum, das mit der Akzeptanz des Lebensflusses einhergeht.

Die Harmonie der Kräfte im Rad

Der Weg des Kriegers ist nicht der eines Eroberers, der sich die Kräfte des Lebens unterwirft. Es ist vielmehr der Weg desjenigen, der sich als Teil eines größeren Geflechts erkennt, der weiß, dass wahre Stärke in der Einheit und im Fluss aller Energien liegt. Jede Richtung im Rad – Osten, Süden, Westen und Norden – öffnet ihm eine Tür zu einem einzigartigen Aspekt seiner selbst, einer Seite seines Seins, die sowohl Licht als auch Schatten in sich birgt. Der Krieger weiß, dass ein Leben in Balance nicht bedeutet, all seine Herausforderungen zu eliminieren, sondern sie liebevoll und achtsam in das Gesamtbild seines Lebens zu integrieren.

Im Osten funkelt das Element des Feuers. Es ist die Kraft des Neubeginns, der Leidenschaft und der Transformation. Doch das Feuer ist nicht nur Flamme und Funken, es ist auch Hitze, die verzehrt, wenn man sie nicht zu zähmen weiß. Der Krieger spürt die brennende Kraft des Feuers in Momenten, in denen er mutig ins Unbekannte schreitet, etwas Neues wagt, vielleicht sogar ein Risiko eingeht. Doch er weiß auch, wann das Feuer zu viel wird, wann es zu zügeln ist, um nicht alles, was ihm wichtig ist, in Asche zu legen.

Der Westen, das Reich des Wassers, ist das Tor zur Tiefe unserer Gefühle und zur Intuition. Es ist das sanfte Fließen und zugleich die rauschende Flut, die uns zu überwältigen droht, wenn wir uns in unseren Emotionen verlieren. Im Wasser spürt der Krieger seine Verletzlichkeit, aber auch seine Weisheit. Hier lernt er, dass die Flüsse seiner Seele klare Bahnen brauchen, um nicht in einer bodenlosen See zu enden. Er erkennt die Kraft, die in seiner Empfindsamkeit steckt, und die Gefahr, sich in ihr zu verlieren.

Die Erde im Süden bietet ihm Stabilität, die nötige Verwurzelung, ein Gefühl von Zuhause und Sicherheit. Es ist die ruhige, beständige Kraft, die ihn daran erinnert, dass er geerdet ist, dass er einen Platz hat. Doch zu viel Erde, zu viel Festhalten, kann in Stagnation münden, in ein Leben, das schwerfällig wird und sich weigert, den nächsten Schritt zu tun. Der Krieger lernt, die Grenzen zu spüren, zwischen Halt und Stillstand, zwischen Sicherheit und Starre.

Und dann gibt es die Luft des Nordens – eine klare, leichte Energie, die uns den Geist öffnet, uns Perspektive schenkt und uns daran erinnert, dass wir über das tägliche Treiben hinausschauen können. Doch der Nordwind kann auch eisig und schneidend sein, er kann uns so sehr in die Welt der Gedanken und Ideen ziehen, dass wir den Boden unter unseren Füßen verlieren. Der Krieger erkennt, dass Weisheit nicht nur im Wissen liegt, sondern in der Kunst, mit beiden Beinen im Leben zu stehen und gleichzeitig die Weite des Himmels zu erfahren.

Jedes dieser Elemente repräsentiert nicht nur eine Kraft außerhalb von uns, sondern auch einen Teil unseres Wesens – Körper, Gefühle, Geist und Wille. Im Tanz dieser Kräfte findet der Krieger seinen Weg zur Harmonie, indem er lernt, mit den Wellen und Strömungen zu fließen, statt gegen sie anzukämpfen. Er weiß, dass ein Übermaß an Rationalität ihn vom Spüren abbringen kann, während eine Flut von Emotionen ihn blenden kann. Balance ist für ihn keine starre Position, sondern eine lebendige Dynamik, ein Tanz, bei dem er auf die Musik des Lebens hört und sich immer wieder neu einstellt.

Es ist ein Weg, der Hingabe und Bewusstheit verlangt. Durch Meditation, Rituale und die Arbeit mit den vier Himmelsrichtungen wächst der Krieger zu jemandem heran, der mit den Kräften des Kosmos in Einklang steht, der die Macht des Schamanen erlangt, die Fähigkeit, mit den Energien zu schwingen, anstatt sich von ihnen hinreißen zu lassen. In diesem Gleichgewicht, in diesem lebendigen Tanz, erfährt er seine wahre Stärke – eine Kraft, die aus der Tiefe kommt und in der Harmonie aller Kräfte des Seins wurzelt.

Der heilige Raum
Das Rad als Tempel des Kriegers

Das Kriegerrad ist weit mehr als ein bloßes Symbol auf der spirituellen Reise des Kriegers – es ist ein heiliger Raum, ein lebendiger Tempel, der gleichzeitig in der äußeren Welt und im tiefsten Inneren des Kriegers existiert. Wenn der Krieger das Rad betritt, ob durch eine physische Zeremonie unter dem weiten Himmel oder in einem meditativen Moment, in dem er sein Bewusstsein nach innen richtet, überschreitet er die Schwelle zu einem Raum jenseits von Raum und Zeit. Hier verbinden sich die Dimensionen von Vergangenheit, Gegenwart und Zukunft, Materie und Geist, in einem harmonischen und ewigen Tanz. Dieser Raum ist nicht nur ein Zufluchtsort, sondern ein Ort der tiefen Heilung, der Wandlung und der Begegnung mit den großen Mysterien, die das Leben durchziehen.

Im Kriegerrad fühlt sich der Krieger in einer heiligen Geometrie gehalten – einem Kreis, der weder Anfang noch Ende kennt und die Unendlichkeit und Verbundenheit allen Lebens symbolisiert. Hier, in diesem ewigen Kreis, gibt es keine Hierarchie, kein „Besser" oder „Weniger": Jeder Punkt am Rand des Kreises ist gleich weit vom Zentrum entfernt, ein Spiegel der universellen Gleichheit aller Dinge. Wenn der Krieger diesen heiligen Raum betritt, fühlt er sich nicht nur als Individuum, sondern als Teil eines viel größeren Gewebes. Hier ist er verbunden mit dem Großen Geist, den Elementen, den Ahnen und den geistigen Führern, die ihn begleiten und leiten.

Indem der Krieger in diesen Raum eintritt, schafft er eine tiefe innere Einkehr, eine Verbundenheit, die über das Alltägliche hinausgeht. Es ist, als ob die Welt stillsteht, und er findet sich in einem Zustand von Klarheit und Stille wieder, der ihm ermöglicht, die feinen Energien des Universums wahrzunehmen und die Weisheit, die in allem lebt, in sich aufzunehmen. Hier, in diesem Zustand der tiefen Verbundenheit, klärt er seine Absichten und sein Herz, richtet seine Gedanken und sein Handeln auf das aus, was wirklich zählt. Er sucht nach Heilung, für sich und für andere, und seine spirituellen Visionen formen sich klarer und tiefer als je zuvor. In der stillen Mitte des Rades, umgeben von den Elementen und den unsichtbaren Kräften des Universums, findet er Zugang zu den tiefen Wahrheiten seiner Seele.

Doch dieser heilige Raum dient nicht nur der Erkenntnis. Er ist auch ein Ort der Integration, in dem der Krieger das Erlebte und Erlernte aus seinem bisherigen Weg in sich aufnimmt und zur Weisheit transformiert. Hier reflektiert er über die Kämpfe und Triumphe, die ihn geformt haben, über die Wunden, die ihn begleitet haben, und die Lektionen, die ihm das Leben selbst geschenkt hat. Er spürt, wie all diese Erfahrungen ihn reifen lassen und sein Innerstes nähren. Indem er die Tiefe seiner eigenen Reise anerkennt, kann er auch das Wachstum anderer ehren und sie auf ihrem Weg begleiten.

Im Kriegerrad erkennt der Krieger, dass er nicht nur ein Einzelner ist, sondern ein Teil eines größeren Bewusstseins, das in jedem Blatt, jedem Stein und jeder Welle des Meeres pulsiert. Dieser Kreis ist ein lebendiges Mandala, das ihm immer wieder zeigt, es ist alles mit allem verbunden und seine Schritte hinterlassen auf der Erde Spuren im Kosmos. Es ist ein Ort, an dem der Krieger den Ruf des Großen Geistes vernimmt, eine sanfte Erinnerung, dass er auf dieser Reise niemals allein ist und die Essenz von allem, was war und sein wird, in ihm lebt.

So wird das Kriegerrad zum Zentrum der Kraft und der Inspiration für den Krieger, ein heiliges Feld, das seine Schritte leitet und sein Herz mit dem Rhythmus des Universums in Einklang bringt. Hier, in diesem heiligen Raum, erfährt er das Leben nicht nur als Kampf oder Aufgabe, sondern als eine liebevolle Einladung, die Welt in ihrer Schönheit und Tiefe zu sehen und sich immer wieder neu darin zu finden. Das Kriegerrad ist sein Tempel, sein Refugium, sein Lehrer. Und in jedem Kreis, den er betritt, lernt er mehr über die grenzenlose Kraft, die in ihm wohnt, die ihn ruft und die ihm zeigt, dass jeder Schritt auf diesem Weg ihn ein Stück näher zu seinem wahren Selbst bringt.

Die Kraft der Stille
Der Krieger als Zuhörer des Kosmos

Für den Krieger ist die Stille kein bloßer Moment des Schweigens; sie ist ein lebendiger Raum, ein Geflecht aus Geheimnissen, welches sich in der Dunkelheit zwischen den Worten und Klängen verbirgt. Die Stille ist seine verborgene Verbündete, eine Lehrerin, die ihm auf den stillen Pfaden der Selbsterkenntnis zur Seite steht. Während die Welt immer lauter nach Aufmerksamkeit ruft und die Menschen in ihrer Hast das Wesentliche übersehen, versteht der Krieger, dass die größten Einsichten nicht im Trubel, sondern im Innehalten zu finden sind.

In der Stille erkennt der Krieger die Stimmen der Natur und des Kosmos. Jeder leise Windhauch, jedes raschelnde Blatt erzählt ihm von den ewigen Kreisläufen des Lebens. Die Natur teilt ihre Weisheit nicht in Worten mit, sondern im sanften Rauschen eines Flusses, in den rhythmischen Wellen des Meeres, im leisen Knirschen der Steine unter seinen Füßen. In diesen stillen Momenten öffnet sich ihm ein Fenster zur Seele des Universums, und das Unsichtbare wird für einen kurzen Augenblick greifbar.

Die Stille fordert ihn heraus, die Oberfläche seines Daseins zu durchdringen und sich selbst zu begegnen. Sie wirft ihn zurück auf das, was in ihm selbst liegt – die verborgenen Ängste, die tiefen Sehnsüchte und die unausgesprochenen Wahrheiten. Hier, in diesem stillen Raum, kommt der Krieger an einen Punkt, an dem es kein Entkommen gibt.

Jeder Gedanke, der lange unter den Schichten des Alltags begraben war, tritt hervor und fordert Beachtung. Doch anstatt davor zurückzuschrecken, stellt er sich ihnen – mit der Bereitschaft, sich von ihnen verändern zu lassen.

Die Stille wird ihm zum Spiegel seiner Seele. In ihr sieht er seine Wunden, seine Stärken und all das, was er hinter seinen Worten und Taten zu verbergen sucht.

Hier liegt die Quelle der Transformation, denn indem der Krieger seine eigene Tiefe erforscht, findet er die Kraft, über die Begrenzungen seines bisherigen Selbst hinauszuwachsen.

In der Stille lernt er, sein wahres Potenzial liegt nicht in den äußeren Kämpfen, sondern in der Fähigkeit, sich selbst zu durchdringen und das Licht in seiner Dunkelheit zu erkennen.

Und wenn der Krieger ganz in die Stille eintaucht, wenn er aufhört, gegen das Rauschen seiner eigenen Gedanken anzukämpfen, öffnet sich ihm ein Raum, in dem er etwas Höheres spüren kann. Es ist, als ob der Kosmos selbst zu ihm spricht, nicht in lauten Offenbarungen, sondern in einem leisen Flüstern, nur die Seele vermag es zu hören.

In diesem Moment des Lauschens findet der Krieger seine Führung – eine sanfte, unaufdringliche Weisheit, die ihm den Weg zu seinem inneren Selbst weist. Hier entdeckt er Visionen, die aus den Tiefen seiner Seele emporsteigen, Botschaften, die jenseits der menschlichen Sprache liegen.

In der Stille wird der Krieger zum Zuhörer des Kosmos. Er lauscht, und mit jedem Atemzug, jeder Sekunde des Schweigens öffnet sich ihm eine neue Schicht der Realität. So findet er nicht nur seinen Weg, sondern auch eine Wahrheit, die über ihn selbst hinausgeht – die universelle Weisheit, die alles Leben durchdringt. Und in diesem Lauschen, in dieser Hingabe an die Stille, erkennt er, dass er ein Teil von etwas Größerem ist – und dass die Stille das Tor ist, durch das er dieses Größere betreten kann.

Der Krieger als Hüter des Rades
Verantwortung und Dienst an der Welt

Mit jeder Weisheit, die der Krieger im Rad gewinnt, und jeder Kraft, die in ihm wächst, öffnet sich ein Pfad zu einer tiefgreifenden und oft herausfordernden Aufgabe: Er wird zum Hüter des Rades, zum Bewahrer des Gleichgewichts und zum hingebungsvollen Diener der Welt und ihrer Lebewesen. Diese Rolle verlangt viel von ihm – nicht nur die stetige Auseinandersetzung mit seinem eigenen inneren Weg, sondern auch die Bereitschaft, über sein persönliches Wohlergehen hinaus Verantwortung zu übernehmen, die das Wohlergehen der Gemeinschaft, der Natur und allen Lebens in sich trägt.

Als Hüter des Rades erkennt der Krieger, dass seine Reise nicht in Isolation verläuft. Er begreift sich als untrennbaren Teil des großen Ganzen, eines lebendigen, atmenden Netzes, das aus Wesen, Zyklen und Energien besteht, die alle miteinander verbunden sind. Seine Taten – so klein oder groß sie auch sein mögen – haben weitreichende Konsequenzen, die nicht nur ihn selbst, sondern die gesamte Welt betreffen können.

Mit jedem Schritt im Rad, den er geht, vertieft sich sein Bewusstsein für diese Verantwortung. Er erkennt, dass die Kräfte, die ihm verliehen wurden, nicht zum Eigenzweck existieren und nicht dazu dienen, Macht über andere auszuüben. Stattdessen trägt er diese Kräfte, um das Gleichgewicht und die Harmonie der Welt zu wahren und zu schützen. Die wahre Größe eines Kriegers zeigt sich nicht in seinem Stolz oder seiner Stärke, sondern in seiner Demut vor dem Leben.

In tiefer Dankbarkeit und Demut nimmt der Krieger die Rolle des Hüters an, als Beschützer, der im Dienst des Lebens steht. Diese Hingabe kommt nicht aus Ego oder einem Bedürfnis nach Anerkennung, sondern aus einem tiefen, fast kindlichen Respekt für die Natur und ihre Zyklen.

Die Erde – für ihn mehr als nur ein Planet, mehr als nur eine „Ressource" – ist eine heilige Mutter, die uns alles schenkt, was wir brauchen, und die selbst zerbrechlich ist in ihrer grenzenlosen Liebe und Fürsorge. Der Krieger lernt, die Erde verdient Schutz und Pflege, jeder Baum, jeder Stein, jeder Tropfen Wasser und jede Brise Wind sind Teil dieses heiligen Raumes, in dem er lebt.

Als Hüter des Rades erkennt der Krieger, dass seine Reise über das Persönliche hinausgeht. In dieser Rolle wird er zum Schützer, nicht nur der sichtbaren Welt, sondern auch der spirituellen Kräfte, die das Leben durchdringen und zusammenhalten. Er lebt im Einklang mit der Natur, spürt ihre Rhythmen und lernt, sich in Harmonie mit ihr zu bewegen, statt gegen sie.

Dieser Dienst am Leben ist ein stilles Versprechen, das er jeden Tag erneuert – im Wissen, dass er nicht für sich alleine lebt, sondern für die Gemeinschaft, für die kommenden Generationen und für die Welt, die ihn umgibt.

Der Krieger, der als Hüter des Rades dient, steht wie ein Fels in der Brandung. Seine Anwesenheit, sein Dienst und seine Hingabe sind ein stilles Versprechen, ein unerschütterliches Gelöbnis, das Leben in all seinen Facetten zu ehren und zu schützen. Denn er weiß, dass er letztendlich Teil von etwas Größerem ist, und sein Herz im Rhythmus des Lebens schlägt – in einem ewigen Tanz mit dem Rad, in dem er zum Diener der Welt wird.

Der spirituelle Krieger im Alltag

"Der wahre Test des Kriegers liegt nicht in den Schlachten, die er gewinnt, sondern in der Fähigkeit, in Zeiten der Ruhe und des Friedens authentisch zu bleiben. Sein Mut wird in der Stille und im Stillstand geprüft, wo er seine innere Wahrheit ohne äußeren Lärm finden muss."

Integration von Spiritualität und Alltag

Für den spirituellen Krieger liegt die wahre Herausforderung darin, die tief empfundene Spiritualität, die er auf seiner Reise entdeckt hat, in den oft hektischen und lauten Alltag zu integrieren. Es ist einfach, das Heilige in besonderen Momenten zu spüren – sei es bei Ritualen, in Meditationen oder in der Stille der Natur. Doch die wahre Kunst besteht darin, diese Verbindung auch dann zu bewahren, wenn man von den Anforderungen des Alltags überwältigt wird.

Für den Krieger bedeutet Spiritualität nicht, außergewöhnliche Momente zu jagen, sondern das Heilige im Gewöhnlichen zu finden. Er beginnt jeden Tag mit kleinen Ritualen, die ihn ins Hier und Jetzt bringen. Das einfache Zubereiten eines Tees wird zu einem heiligen Akt, bei dem er die Wärme der Tasse spürt, den Duft des Tees aufnimmt und sich ganz dem Moment hingibt. Diese scheinbar banalen Handlungen bilden die Grundlage für eine tiefe, beständige Verbindung zum Leben selbst.

Die wahre Bedeutung der Spiritualität zeigt sich für den Krieger im Alltag. Es bedeutet, kompromisslos ehrlich und authentisch zu sein – mit anderen und vor allem mit sich selbst. Mutig stellt er sich die schwierigen Fragen: „Handele ich aus Angst oder aus Liebe? Wähle ich den einfachen Weg oder den Weg, der meinem Herzen entspricht?" Diese Fragen leiten ihn, selbst wenn sie unbequem sind, und er weiß, dass wahre Freiheit darin besteht, schwierige Wege bewusst zu wählen.
Achtsamkeit ist sein Schlüssel, um im Hier und Jetzt zu bleiben. Er übt sich darin, jeden Moment so vollständig wie möglich zu erleben. Beim Kochen, Arbeiten oder im Gespräch mit einem Freund – für ihn bedeutet Achtsamkeit, jede Erfahrung ohne Bewertung zu akzeptieren und zu erkennen, jeder Moment ist eine Gelegenheit, sich selbst und das Leben besser kennenzulernen.

Der Krieger erkennt, jede Erfahrung, die das Leben ihm schenkt – oder auch zumutet – ist eine Gelegenheit zum Wachsen. Herausforderungen sind keine Probleme, sondern Einladungen, tiefer zu gehen und neue Seiten an sich selbst zu entdecken.

Er sieht das Leben als den größten Lehrer, der ihn mit Neugier und Offenheit die Höhen und Tiefen erleben lässt. Rückschläge betrachtet er als Lektionen, die ihn weiterbringen können. Diese Haltung ermöglicht ihm, eine tiefe Dankbarkeit zu entwickeln – nicht nur für die freudigen Momente, sondern auch für die schwierigen, die ihn an seine Grenzen bringen.

Der Alltag ist für den Krieger kein Hindernis für seine spirituelle Praxis – er ist die Praxis selbst. Er lernt, das Leben zu feiern, so wie es ist, mit all seinen kleinen Freuden und großen Herausforderungen. Die Heiligkeit muss er nicht in fernen Tempeln oder in den Tiefen des Waldes suchen, sie steht ihm in jedem Moment zur Verfügung. Jeder Atemzug, jedes Gespräch und jede Handlung ist ein Ausdruck seiner gelebten Spiritualität.

Diese Haltung bringt ihm eine tiefe Erfüllung. Er erkennt, sein Weg besteht nicht darin, irgendwohin zu gelangen, sondern jeden Schritt dieses Weges zu würdigen und zu genießen. Es ist diese Freude am Hier und Jetzt, die ihn tief in die Schönheit des Lebens eintauchen lässt und ihm zeigt, dass der Alltag, wenn er mit offenem Herzen gelebt wird, das größte spirituelle Abenteuer sein kann.

Der Krieger weiß, dass jede Entscheidung, die er trifft, eine Auswirkung auf sein Leben und seine Umgebung hat. Er handelt nicht aus Angst, sondern aus Liebe, und er wählt den Weg, der seinem Herzen entspricht, auch wenn dieser oft nicht der einfachste ist. Achtsamkeit hilft ihm dabei, im gegenwärtigen Moment zu bleiben und die kleinen Wunder des Alltags zu bemerken, die sonst unbemerkt bleiben könnten.

Für den Krieger bedeutet das Leben in zwei Welten zu leben, der spirituellen und der materiellen. Er sucht die Balance zwischen innerer Stille und äußerer Aktivität, zwischen Selbstreflexion und Engagement in der Welt. Diese Balance ist dynamisch und erfordert tägliche Achtsamkeit, um sie immer wieder zu finden.

Der Weg des Kriegers ist kein starrer Pfad, sondern ein lebendiger Prozess. Manchmal erfordert das Leben, dass er sich zurückzieht und in sich geht, manchmal fordert es ihn auf, sich zu engagieren und seine Überzeugungen nach außen zu tragen. In dieser ständigen Bewegung findet er seinen Weg und weiß, dass wahre Spiritualität darin liegt, beides zu vereinen, das Tun und das Sein, das innere Wachstum und die äußere Wirkung.

Für den Krieger ist der Alltag kein Hindernis, sondern die Bühne seiner spirituellen Praxis. Er erkennt, dass jede Handlung, jede Begegnung und jeder Moment die Gelegenheit bietet, seine Spiritualität zu leben. Indem er bewusst atmet, seine Sinne öffnet und einfach ist, gelingt es ihm, selbst in hektischen Momenten zentriert zu bleiben. Er schätzt die Schönheit im Alltäglichen, das Lächeln eines Fremden, das sanfte Rauschen der Blätter, die Wärme der Sonne auf der Haut.

Diese innere Haltung bringt ihm eine tiefe Erfüllung und zeigt ihm, der Weg besteht nicht darin, irgendwohin zu gelangen, sondern jeden Schritt dieses Weges zu würdigen und zu genießen. Der Krieger lebt in dem Bewusstsein, jede innere Transformation findet auch einen äußeren Widerhall und wahre Spiritualität kann in jedem Augenblick gelebt werden, ob in stiller Meditation oder mitten in den Herausforderungen des Alltags. Der Alltag, wenn er mit offenem Herzen gelebt wird, wird zum größten spirituellen Abenteuer.

Beziehungen und Gemeinschaft

Für den spirituellen Krieger sind Beziehungen wie tiefe Seen, reich an Erfahrungen, die ihm helfen, seine inneren Werte und Überzeugungen in die Welt zu tragen. Wenn er auf andere Menschen trifft, ist das keine bloße Begegnung, sondern eine tiefgreifende Interaktion, die seine eigene innere Reise widerspiegelt. Er sieht in jeder Beziehung einen Spiegel seiner selbst – seiner Erkenntnisse, seiner Stärken und Schwächen und seiner Bereitschaft, immer weiter zu wachsen und sich zu entwickeln. Jede Interaktion ist für ihn ein Prüfstein, an dem er seine Integrität und seinen Mut messen kann. Jede Begegnung, ob angenehm oder herausfordernd, ist eine Gelegenheit, die Prinzipien zu leben, die ihm am Herzen liegen.

Für den Krieger ist Mitgefühl keine Schwäche, sondern ein Zeichen tiefer innerer Stärke. Er weiß, dass jeder Mensch mit seinen eigenen Herausforderungen, Ängsten und Hoffnungen ringt. Er urteilt nicht vorschnell, sondern bemüht sich, jeden Menschen mit offenem Herzen und Verständnis zu begegnen.

In Konfliktsituationen stellt er sich die Frage: „Was würde mein höchstes Selbst jetzt tun?" Diese Frage leitet ihn zu einer Antwort, die auf Verständnis und Mitgefühl basiert. Selbst wenn er verletzt oder missverstanden wird, reagiert er nicht aus Zorn oder Rache, sondern versucht, das Herz des anderen zu erkennen.

Diese Haltung des Mitgefühls erfordert Mut und Hingabe. Es bedeutet, seine eigenen Bedürfnisse und das Ego zurückzustellen und wirklich die Perspektive des anderen zu verstehen. Es bedeutet, immer wieder die Verbindung über den Konflikt zu stellen. Der Krieger weiß, dass Vergebung nicht nur dem anderen hilft, sondern auch ihm selbst Frieden schenkt. In Momenten der Verletzung versucht er, die Gefühle des anderen zu verstehen und sich daran zu erinnern, dass jeder von uns seine eigenen Wunden hat. Durch Vergebung und Mitgefühl heilt er nicht nur seine Beziehungen, sondern auch sich selbst.

Der Krieger ist fest entschlossen, authentisch und ehrlich zu sein. Er trägt keine Masken, um sich anzupassen oder andere zu beeindrucken. Stattdessen zeigt er sich so, wie er wirklich ist – mit all seinen Stärken und Schwächen. Er weiß, dass Ehrlichkeit und Offenheit die Grundlage für echte Verbindungen sind, und daher bietet er anderen Menschen die gleiche Authentizität, die er auch von ihnen erwartet. In dieser Ehrlichkeit liegt eine tiefe Kraft, denn sie schafft Vertrauen und eine Atmosphäre, in der jeder sich sicher und wertgeschätzt fühlen kann.

Doch Ehrlichkeit bedeutet nicht, rücksichtslos oder hart zu sein. Der Krieger hat gelernt, dass es oft mehr Mut braucht, seine Wahrheit mit Liebe und Respekt auszudrücken, anstatt auf Konfrontation zu bestehen. In Gesprächen mit anderen zeigt er seine Verletzlichkeit, teilt seine Ängste und Hoffnungen und lädt die Menschen ein, dasselbe zu tun. So entsteht ein Raum der echten Begegnung, in dem alle Beteiligten auf Augenhöhe stehen und sich in ihrer wahren Essenz zeigen können.

Jede Beziehung ist für den Krieger ein Spiegel seiner selbst, eine Chance, seine eigenen Schatten und sein Licht zu erkennen. Wenn er auf Herausforderungen stößt, sei es ein Streit, ein Missverständnis oder das Ende einer Freundschaft, nutzt er diese Erfahrungen, um sich selbst besser zu verstehen.

Er fragt sich: „Was zeigt mir dieser Konflikt über mich selbst? Welche Ängste oder Unsicherheiten werden hier getriggert?" Anstatt anderen die Schuld zu geben, übernimmt er die Verantwortung für seine Gefühle und reagiert aus einem Ort der Klarheit und des Bewusstseins.

Diese Reflexion über Beziehungen ermöglicht es ihm, ständig zu wachsen. Er sieht nicht nur die Fehler der anderen, sondern auch seine eigenen Schwächen und arbeitet daran, sie zu heilen. In Momenten der Einsicht erkennt er, dass jede Begegnung, jede Meinungsverschiedenheit ein Geschenk ist – eine Möglichkeit, sich selbst auf einer tieferen Ebene kennenzulernen und seine eigene Seele zu verfeinern.

Der Krieger weiß, dass Zuhören eine der mächtigsten Gaben ist, die er einem anderen Menschen schenken kann. Wenn er jemandem zuhört, dann nicht nur mit den Ohren, sondern mit seinem ganzen Wesen. Er schenkt dem anderen seine volle Aufmerksamkeit, seine Präsenz und sein Mitgefühl. In diesen Momenten des Zuhörens schafft er einen Raum, in dem sich der andere sicher und verstanden fühlen kann. Er unterbricht nicht, er urteilt nicht, er gibt keine ungefragten Ratschläge – er ist einfach da, hält den Raum und lässt den anderen sich ausdrücken.

Dieses tiefe Zuhören ist eine Form des Heilens, sowohl für den anderen als auch für ihn selbst. Denn indem der Krieger wirklich zuhört, lernt er, seine eigenen Gedanken und Urteile loszulassen und sich in die Erfahrung des anderen einzufühlen. Er erkennt, dass wahre Verbindung oft im stillen Zuhören entsteht und dass seine Rolle nicht darin besteht, Antworten zu geben, sondern die Reise des anderen zu respektieren und zu unterstützen.

Für den Krieger ist Gemeinschaft nicht nur ein Konzept, sondern ein lebendiger Ausdruck seiner spirituellen Reise. Er sieht sich nicht als isoliertes Wesen, sondern als Teil eines großen Netzwerks, in dem jedes Lebewesen miteinander verbunden ist. Er spürt die Verantwortung, die Gemeinschaft zu stärken, ihr zu dienen und sie zu nähren. Seine eigene spirituelle Praxis und sein persönliches Wachstum sind tief in den Bedürfnissen und dem Wohl der Gemeinschaft verwurzelt.

In der Gemeinschaft ist er ein aktiver Teilnehmer. Er unterstützt andere, teilt sein Wissen, seine Erfahrungen und seine Ressourcen. Er sucht nicht danach, sich selbst zu profilieren oder im Rampenlicht zu stehen, sondern dient aus einer inneren Überzeugung heraus. Seine Hingabe zur Gemeinschaft ist geprägt von Demut und Dankbarkeit. Er weiß, dass jeder Dienst, den er leistet, auch ihm selbst dient, und dass die Gemeinschaft, in der er lebt, ein Spiegel seiner eigenen Seele ist.

Für den spirituellen Krieger geht es nicht nur um persönliche Erleuchtung oder inneren Frieden – es geht darum, die Welt ein bisschen heller zu machen. Er sieht es als seine Aufgabe, die Weisheit, die er auf seinem Weg erlangt hat, mit anderen zu teilen. Er versteht, dass wahre Spiritualität nicht in der Abgeschiedenheit entsteht, sondern in der aktiven Teilnahme am Leben, in der Bereitschaft, anderen zu dienen und die Welt mit einem offenen Herzen zu betreten.

Dieser Dienst zeigt sich auf viele Arten. Manchmal hilft er einem Freund in einer schwierigen Zeit, manchmal organisiert er eine Aktion für die Gemeinschaft, manchmal lehrt er andere die Praktiken, die ihm selbst geholfen haben. Dabei denkt er nicht an Anerkennung oder Dank, sondern handelt aus einem tiefen Gefühl der Verbundenheit und Verantwortung. Seine eigene Transformation ist für ihn eine Einladung, die Welt zu einem Ort zu machen, an dem auch andere wachsen und sich entfalten können.

Der Krieger weiß, dass sein Weg nie endet. Jeder Tag bringt neue Herausforderungen, neue Begegnungen und neue Lektionen. Er sieht sich selbst als ewig Lernenden, als jemand, der immer wieder von Neuem beginnt. Die Beziehungen, die er pflegt, die Gemeinschaft, der er dient, und die Menschen, denen er begegnet, sind Teil seiner Reise. Sie alle sind seine Lehrer, seine Spiegel, seine Begleiter auf dem Weg.

Für den Krieger ist der Sinn des Lebens nicht das Erreichen eines bestimmten Ziels, sondern die Art und Weise, wie er den Weg geht – mit einem offenen Herzen, mit einem klaren Geist und mit der Bereitschaft, stets zu wachsen und sich zu wandeln. In jedem Lächeln, in jedem Streit, in jeder Umarmung und jedem Abschied erkennt er die tiefe Verbundenheit allen Lebens und die unendliche Schönheit der Reise, auf der er sich befindet.

Übung

Der Spiegel der Begegnung

Diese Übung hilft dir, die Qualität deiner Beziehungen bewusster wahrzunehmen und zu erkennen, wie deine inneren Muster sich im Außen widerspiegeln. Sie ist einfach, braucht nur wenige Minuten und kann im Alltag integriert werden.

1. Wähle eine Begegnung des Tages
Denke am Ende des Tages an eine Begegnung zurück – das kann ein Gespräch mit einem Freund, eine Interaktion mit einem Kollegen oder sogar ein kurzer Moment mit einem Fremden sein. Es kann eine schöne Begegnung gewesen sein oder eine herausfordernde.

2. Der Blick nach Innen
Frage dich:

Wie habe ich mich in diesem Moment gefühlt?

Welche Emotionen wurden in mir ausgelöst? (Freude, Ärger, Unsicherheit, Mitgefühl?)

Was sagt mir diese Begegnung über mich selbst?

Hat sie mich ermutigt, weil ich mich gesehen gefühlt habe?

Hat sie mich verletzt, weil ein altes Muster oder eine alte Wunde berührt wurde?

3. Der Spiegel erkennen
Jede Beziehung ist ein Spiegel. Überlege:

Was habe ich in diesem Menschen gesehen? Vielleicht eine Eigenschaft, die ich an mir selbst liebe oder die mir fehlt?

Habe ich auf ihn aus Gewohnheit oder wirklich bewusst reagiert?

Welche Muster oder Glaubenssätze haben meine Reaktion geprägt?

4. Eine kleine Veränderung setzen
Überlege eine Mini-Veränderung für die nächste Begegnung:

Könnte ich präsenter sein?

Weniger urteilen?

Bewusster zuhören?

Eine neue Perspektive einnehmen?

Es muss nichts Großes sein, nur eine kleine bewusste Entscheidung, die deine Art, in Beziehung zu treten, verändert.

Warum diese Übung?
Diese Übung hilft dir, dich nicht nur in Beziehungen treiben zu lassen, sondern sie als bewusste Entwicklungsräume zu sehen. Durch sie erkennst du, wo du wächst, wo du noch festhältst und wie du Beziehungen als Weg der Selbsterkenntnis nutzen kannst.

Extra-Herausforderung: Mache diese Übung für eine Woche und beobachte, ob sich dein Blick auf deine Beziehungen verändert.

Was ist bei dieser Übung bei dir passiert?

Machtkämpfe

Machtkämpfe in Beziehungen sind oft ein Tanz zwischen Vergangenheit, Gegenwart und Heilung. Beziehungen, egal ob Partnerschaft, Freundschaft oder Beruf, sie sind der Ort, an dem wir uns selbst am tiefsten begegnen. Sie sind Bühne und Spiegel zugleich, auf der sich unsere Wünsche, Ängste und verborgenen Wunden offenbaren. In der Nähe zu einem anderen Menschen treten wir in Kontakt mit unseren schönsten Sehnsüchten und unseren dunkelsten Schatten. Und so sehr wir uns in Beziehungen nach Liebe und Verbundenheit sehnen, werden sie oft zu einem Spielfeld für Machtkämpfe, in denen Nähe zu Distanz und Vertrauen zu Misstrauen wird.

Doch was sind Machtkämpfe wirklich? Woher kommen sie? Sind sie nur die Reibung zweier Persönlichkeiten, oder verbergen sich unter der Oberfläche tiefere Dynamiken, die uns alle miteinander verbinden? Um Machtkämpfe zu verstehen, müssen wir weit zurückblicken, in unsere eigene Kindheit, in die Geschichten unserer Vorfahren und sogar in die epigenetischen Prägungen, die wir als Erbe in uns tragen.

Ein Machtkampf in einer Beziehung ist selten das, was er auf den ersten Blick zu sein scheint. Es geht oft nicht wirklich um das Chaos in der Küche, die vergessene Nachricht oder die Meinungsverschiedenheit über Zukunftspläne. Diese oberflächlichen Konflikte sind nur die Spitze eines Eisbergs, dessen Fundament tief in unserer Vergangenheit liegt.

In der Kindheit erfahren wir eine tiefe Prägung, denn unsere ersten Erfahrungen von Nähe und Sicherheit – oder deren Fehlen – prägen uns für den Rest unseres Lebens. Als Kinder entwickeln wir Strategien, um geliebt zu werden, und Schutzmechanismen, um Verletzungen zu vermeiden. Diese Muster wirken auch in unseren erwachsenen Beziehungen weiter.

Wenn wir zum Beispiel in der Kindheit das Gefühl hatten, verlassen zu werden, tragen wir diese Verlustangst oft unbewusst in unsere Beziehungen hinein. Sie zeigt sich als Eifersucht, Klammern oder Kontrollbedürfnis. Umgekehrt kann emotionale Vernachlässigung dazu führen, dass wir uns zurückziehen, keine Nähe zulassen oder den anderen angreifen, bevor er uns verletzen kann.

Doch die Wurzeln unserer Konflikte reichen oft auch über unsere persönliche Geschichte hinaus. Die Wissenschaft der Epigenetik zeigt, dass Traumata und emotionale Erfahrungen unserer Vorfahren Spuren in unserer genetischen Aktivität hinterlassen können. Diese Prägungen, die über Generationen weitergegeben werden, formen unbewusst, wie wir auf Stress, Konflikte und Nähe reagieren.

Wenn unsere Vorfahren Verlust, Krieg oder emotionale Unterdrückung erlebt haben, können diese Erfahrungen in uns als diffuse Ängste oder unbewusste Schutzmechanismen weiterleben. Ein Mensch, dessen Ahnen Verlust oder Unterdrückung erfahren haben, könnte beispielsweise ein tief verankertes Misstrauen in Beziehungen mit sich tragen – ohne genau zu wissen, warum.

Epigenetische Prägungen sind keine „Schuld", die wir tragen müssen, sondern Hinweise auf Geschichten, die in uns nach Heilung suchen. Jeder Machtkampf, der in der Gegenwart ausgetragen wird, ist ein Echo dieser Geschichten – und eine Einladung, die unsichtbare Last zu erkennen und loszulassen.

Machtkämpfe entpuppen sich als Tanz zwischen Kontrolle und Verletzlichkeit. Sie sind letztlich ein Versuch, Kontrolle zu gewinnen. Doch unter diesem Drang zur Kontrolle liegt fast immer eine tiefere Angst: die Angst, nicht gesehen, nicht geliebt oder verletzt zu werden.

• *Das Ego und der Wille zu gewinnen: Das Ego betrachtet Konflikte oft als eine Schlacht, die es zu gewinnen gilt. Es will Recht haben, dominieren und sich selbst schützen. Doch dieser Wille zur Kontrolle ist in Wahrheit eine Maske, die unsere Unsicherheiten verbirgt.*

Ein Beispiel: In einer Beziehung fühlt sich eine Person eingeengt, während die andere sich verlassen fühlt. Der eine zieht sich zurück, der andere klammert. Beide reagieren nicht auf die Oberfläche des Konflikts, sondern auf ihre tiefen, unbewussten Ängste – und so wird der Konflikt zum Tanz, in dem beide einander immer wieder verletzen, ohne es zu wollen.

Doch wie begegnet man diesen Machtkämpfen auf die richtige Art und Weise? Auch hier kann der spirituelle Krieger als Vorbild dienen, er begegnet Machtkämpfen nicht mit Widerstand oder Vermeidung, sondern mit Bewusstheit, Mitgefühl und Mut. Er erkennt, dass diese Konflikte keine äußeren Schlachten sind, sondern Spiegel seiner eigenen inneren Dynamiken.

Der Krieger fragt sich in Momenten des Konflikts: „Was fühle ich wirklich?" Er schaut hinter die Fassade von Wut oder Verteidigung und erkennt die Emotionen dahinter – Angst, Unsicherheit, Sehnsucht. Gleichzeitig fragt er sich: „Welche Rolle spiele ich in diesem Konflikt? Trage ich alte Muster oder Erwartungen in diese Beziehung hinein?" Diese Selbstreflexion erlaubt es ihm, Verantwortung für seinen Anteil zu übernehmen, statt die Schuld auf den anderen zu schieben.

Er reflektiert und erkennt unter anderem, dass viele seiner Reaktionen nicht „seine eigenen" sind, sondern aus der Geschichte seiner Familie stammen. Mit systemischen Ansätzen wie Ahnenarbeit oder Familienstellen kann er dann diese Muster erkennen und transformieren. Indem er die Geschichten seiner Vorfahren ehrt und gleichzeitig loslässt, befreit er sich von der Last der Vergangenheit. Er erkennt, dass er nicht dazu verdammt ist, die Muster seiner Familie zu wiederholen, sondern frei ist, neue Wege zu gehen.

Der Krieger weiß, dass sein Partner ebenso von inneren und äußeren Prägungen beeinflusst ist wie auch er. Mit Mitgefühl sieht er hinter den Angriffen des anderen die Ängste und Wunden, die sie verursachen. Er hat den Mut, ehrlich über seine eigenen Gefühle zu sprechen, nicht aus Schwäche, sondern aus Stärke. Indem er seine Schutzmauern ablegt, schafft er einen Raum, in dem echte Verbindung möglich wird. Er zeigt sich aus tiefsten Herzen verletzlich.

Es gilt zu erkennen, Machtkämpfe sind keine Fehler in Beziehungen. Sie sind Einladungen, tiefer zu schauen, auf uns selbst, auf unsere Ahnen und auf die Dynamiken, die uns verbinden. Jeder Konflikt ist eine Gelegenheit, die alten Muster zu erkennen, die uns gefangen halten, und neue Wege zu gehen, indem wir die Wurzeln unserer Machtkämpfe anerkennen, heilen wir nicht nur uns selbst, sondern auch die Geschichten unserer Vorfahren. Wir brechen den Kreislauf der Weitergabe und schaffen Raum für Beziehungen, die auf Liebe, Bewusstheit und Freiheit basieren.

Der spirituelle Krieger weiß, dass wahre Macht nicht in Kontrolle liegt, sondern in der Fähigkeit, sich selbst zu erkennen, zu lieben und zu heilen. Jeder Machtkampf wird so zu einem Portal – zu tieferem Wachstum, größerer Authentizität und echter Verbindung.

Denn am Ende geht es nicht darum, den anderen zu besiegen. Es geht darum, gemeinsam einen Weg zu finden, der Liebe über Angst stellt und Frieden in die Beziehung bringt. Und damit auch in uns selbst.

<u>Reflexionsübung</u>

Die Wurzel des Konflikts erkennen

Diese Übung hilft dir, Machtkämpfe nicht nur als äußeren Streit zu betrachten, sondern als Einladung zur Selbsterkenntnis. Sie bringt Klarheit in die Frage: „Worum geht es hier eigentlich?"

1. Der Moment des Konflikts – innehalten
Denke an einen aktuellen oder wiederkehrenden Machtkampf in deinem Leben. Vielleicht mit einem Partner, einem Freund, einem Kollegen?

Was genau triggert dich?

Welche Emotion steigt in dir auf? (Wut, Ohnmacht, Angst, Frustration?)

Was ist dein instinktiver Impuls? (Angriff, Rückzug, Rechtfertigung?)

Erkenne deine erste Reaktion, aber handle noch nicht. Nur wahrnehmen.

2. Tiefer graben – Woher kommt dieses Gefühl?

Jetzt stell dir vor, du hältst einen inneren Spiegel vor dich selbst. Frage dich:

Wo in meiner Vergangenheit habe ich dieses Gefühl schon einmal erlebt?

Erinnert es mich an eine Kindheitssituation oder an ein Muster in meiner Familie?

Welches ungesagte Bedürfnis steckt hinter meiner Reaktion? (Gesehen werden, respektiert werden, nicht verlassen werden?)

Oft ist es nicht der Konflikt selbst, der dich triggert, sondern ein älteres Gefühl, das noch Heilung sucht.

3. Der Perspektivwechsel – Was fühlt der andere?

Jetzt versetze dich für einen Moment in die andere Person.

Was könnte ihr tieferer Schmerz oder ihr unbewusstes Muster sein?

Hat sie vielleicht ähnliche Ängste wie du, nur auf eine andere Weise?

Was würde geschehen, wenn du ihren Schmerz anerkennen würdest, anstatt dich zu verteidigen?

Dieser Perspektivwechsel nimmt den Kampfgeist aus der Situation und macht dich offen für echte Verbindung.

4. Eine bewusste Antwort finden

Atme tief durch und frage dich:

Wie kann ich in diesem Moment reagieren, ohne alte Muster zu wiederholen?

Was wäre eine Handlung aus meiner tiefsten Wahrheit – statt aus Angst oder Wut?

Kann ich Worte oder Gesten wählen, die Frieden statt Trennung bringen?

Manchmal ist es ein einfaches: „Ich verstehe dich."

Manchmal ist es ein ehrliches Teilen eigener Gefühle, ohne Angriff.

Und manchmal ist es das Loslassen des Bedürfnisses, Recht zu haben.

Warum diese Übung?

Machtkämpfe sind oft Wiederholungen alter Geschichten. Diese Übung unterbricht den Kreislauf. Sie hilft dir, aus deiner inneren Mitte heraus zu agieren – statt aus einem alten Muster zu reagieren. So wirst du nicht mehr Teil des Kampfes, sondern derjenige, der Heilung in die Dynamik bringt.

Extra-Herausforderung: Wende diese Reflexion für eine Woche in verschiedenen Beziehungen an und beobachte, wie sich deine Reaktionen verändern.

Berufung und Dienst

Die Entdeckung seiner Berufung fühlt sich für den spirituellen Krieger an wie ein lebenslanges Abenteuer, eine Reise voller Wendungen, Überraschungen und tiefgehender Lektionen. Seine Berufung ist das Herz seiner Existenz, sie ist der Grund, warum er hier ist, die Quelle seiner inneren Stärke und der Motor, der ihn antreibt. Anders als ein Beruf oder eine Karriere, die man in einem Lebensabschnitt wählt und vielleicht irgendwann wechselt, ist die Berufung des Kriegers ein tiefer, unerschütterlicher Ruf, der von innen kommt und ihm immer wieder zeigt, was wirklich zählt.

Bevor der Krieger seine Berufung überhaupt erkennen kann, begibt er sich auf die Suche nach seinem wahren Selbst. Diese Reise führt ihn tief in sein Inneres, wo er seine Ängste, Wünsche und Hoffnungen erkundet. Er stellt sich die großen Fragen des Lebens: „Wer bin ich wirklich? Was ist mein Platz in dieser Welt? Wofür bin ich hier?" Diese Fragen sind nicht immer leicht zu beantworten und oft braucht es Jahre der Reflexion und des Lernens, bevor der Krieger eine klare Antwort erhält. Doch er weiß, dass diese Suche notwendig ist, denn nur wenn er sich selbst kennt, kann er wirklich wissen, was seine Berufung ist.

Auf diesem Weg der Selbsterkenntnis lernt der Krieger, seine eigenen Stärken und Schwächen zu akzeptieren. Er erkennt, dass seine Berufung nicht darin besteht, perfekt zu sein oder den Erwartungen anderer zu entsprechen, sondern authentisch zu leben und seine Gaben in die Welt zu bringen. Dieser Prozess erfordert Mut, denn es bedeutet, sich von alten Mustern zu lösen und sich dem Unbekannten zu stellen. Doch der Krieger spürt, dass jede Herausforderung, die er auf diesem Weg überwindet, ihn seiner wahren Bestimmung näher bringt.

Eine der wichtigsten Fähigkeiten, die der Krieger auf dem Weg zur Erfüllung seiner Berufung entwickelt, ist das Vertrauen in seine Intuition. Die Berufung des Kriegers folgt keinem logischen Plan und oft zeigen sich die nächsten Schritte nur durch subtile innere Impulse oder Momente der Klarheit. Die Intuition ist wie ein stiller Kompass, der ihm den Weg zeigt, auch wenn der Verstand noch im Dunkeln tappt. Der Krieger lernt, dieser inneren Stimme zu vertrauen, selbst wenn sie ihn auf Wege führt, die gegen die Norm oder die Erwartungen anderer verstoßen.

Dieses Vertrauen in die Intuition wächst mit der Zeit. Am Anfang mag der Krieger zweifeln und sich fragen, ob er wirklich auf dem richtigen Weg ist. Doch je mehr er seiner inneren Führung folgt und je häufiger er erlebt, dass sie ihn in die richtige Richtung führt, desto tiefer wird sein Vertrauen. Die Intuition wird zu einem treuen Begleiter auf seiner Reise, einem Ratgeber, der ihn selbst in den dunkelsten Momenten nicht im Stich lässt.

Der Weg des Kriegers ist oft geprägt von Momenten, in denen er sich gegen die Erwartungen der Gesellschaft und sogar seiner nahestehenden Menschen stellen muss. Die Berufung des Kriegers folgt keiner vorgezeichneten Bahn und passt oft nicht in die klassischen Vorstellungen von Erfolg oder Sicherheit. Der Krieger ist bereit, Risiken einzugehen und gegen den Strom zu schwimmen, weil er weiß, dass nur so wahre Erfüllung möglich ist. Sein Mut zur Authentizität ist die Grundlage seiner Berufung – die Bereitschaft, seine Wahrheit zu leben, auch wenn dies bedeutet, unkonventionelle Entscheidungen zu treffen.

In diesen Momenten spürt der Krieger die Kraft seiner Berufung besonders deutlich. Sie gibt ihm den Mut, seinen eigenen Weg zu wählen, auch wenn er nicht weiß, wohin dieser ihn letztlich führen wird. Der Krieger weiß, dass seine Berufung nicht immer einfach sein wird und dass sie ihn oft herausfordern wird. Doch er hat die Gewissheit, dass dieser Weg der Einzige ist, der ihm wirklich entspricht und ihm die tiefste Erfüllung bringen wird.

Für den Krieger ist seine Berufung nicht nur eine persönliche Aufgabe, sondern ein Dienst am Großen Ganzen. Er erkennt, seine Gaben und Fähigkeiten sind nicht nur für ihn selbst da, sondern er darf sie mit der Welt teilen, um anderen zu helfen und etwas Positives zu bewirken. Der Dienst am Großen Ganzen ist ein zentraler Bestandteil seiner Berufung und er versteht, wahre Erfüllung liegt nicht im Egoismus, sondern im Geben. Er erfährt die tiefste Freude, wenn er seine Talente und sein Wissen dazu nutzen kann, anderen Menschen zu helfen oder zur Heilung und Transformation der Welt beizutragen.

Diese Form des Dienens kann auf unterschiedlichste Weise geschehen. Der Krieger muss kein Lehrer oder Heiler sein, um seiner Berufung zu folgen, er kann seine Gaben in den Künsten, im sozialen Engagement oder durch die Unterstützung einzelner Menschen ausleben. Für den Krieger ist es nicht die Form des Dienstes, die zählt, sondern die Intention dahinter. Jeder noch so kleine Akt der Liebe und Hingabe hat für ihn Bedeutung und trägt dazu bei, die Welt ein kleines Stück heller zu machen.

In den Momenten, in denen der Krieger seiner Berufung folgt und anderen dient, erfährt er eine tiefe Freude und Erfüllung, die über das persönliche Glück hinausgeht. Diese Freude entspringt dem Gefühl, Teil eines größeren Ganzen zu sein und mit seinem Tun etwas Sinnvolles beizutragen. Der Krieger weiß, dass es nicht um Anerkennung oder Belohnung geht, sondern darum, seine tiefste Wahrheit zu leben und das, was er in sich trägt, mit anderen zu teilen.

Es ist diese Freude, die ihn in schwierigen Zeiten weitermachen lässt. Wenn Zweifel und Herausforderungen auftauchen, erinnert er sich daran, wie es sich anfühlt, wenn er im Einklang mit seiner Bestimmung lebt und anderen dient. Diese Freude ist wie ein inneres Feuer, das ihn wärmt und ihm die Kraft gibt, weiterzugehen, selbst wenn der Weg steinig ist.

Der Krieger weiß, dass seine Berufung kein Ziel ist und er eines Tages erreichen und dann abhaken kann. Sie ist ein lebendiger, sich ständig entwickelnder Prozess, der ihn immer wieder herausfordert und ihm neue Seiten an sich selbst zeigt. Die Berufung des Kriegers verändert sich mit ihm und passt sich seinen inneren

Entwicklungen an. Sie führt ihn immer tiefer in sein eigenes Wesen und zeigt ihm, dass er nie „fertig" sein wird – dass es immer neue Ebenen des Verstehens und der Selbstverwirklichung gibt.

Für den Krieger ist diese ständige Veränderung kein Grund zur Unruhe, sondern eine Quelle der Inspiration. Er weiß, dass der Weg das Ziel ist und dass seine Berufung ihm auf dieser Reise immer wieder neue Türen öffnet. In jeder Phase seines Lebens findet er neue Aspekte seiner Bestimmung und entdeckt neue Möglichkeiten, seine Gaben in die Welt zu bringen.

Die Berufung des Kriegers ist für ihn nicht nur ein persönlicher Antrieb, sondern auch eine tiefe Verbindung zur Welt und zum Universum. Er erkennt, dass sein Leben Teil eines größeren Plans ist und dass er mit seinen Taten und Gedanken Einfluss auf das Ganze hat. Diese Erkenntnis gibt ihm ein tiefes Vertrauen in den Sinn seines Lebens und zeigt ihm, dass er niemals wirklich allein ist. In Momenten des Zweifels oder der Einsamkeit erinnert er sich daran, dass er Teil eines größeren Netzwerks ist und dass seine Berufung ihm immer den Weg zeigen wird, wenn er bereit ist, sich darauf einzulassen.

Für den spirituellen Krieger ist die Erfüllung seiner Berufung ein Akt der Liebe, der Hingabe und des Vertrauens. Sie führt ihn über seine eigenen Grenzen hinaus und zeigt ihm, dass er mehr ist, als er je gedacht hätte. Seine Berufung ist der lebendige Ausdruck dessen, wer er wirklich ist, und sie erinnert ihn jeden Tag daran, dass sein Leben einen tiefen Sinn und eine tiefe Bedeutung hat.

Die tägliche Praxis

Die tägliche Praxis des spirituellen Kriegers ist das Herz und die Seele seines Lebens. Es ist die tief verankerte Routine, die nicht durch bloße Gewohnheit, sondern durch bewusste Hingabe und Bedeutung geprägt ist. Für den Krieger ist die Praxis nicht nur ein Zeitfenster der Ruhe, sondern der zentrale Anker, der ihn durch jede Welle des Lebens trägt und ihm ermöglicht, sein inneres Gleichgewicht zu bewahren, egal wie stürmisch es draußen ist.

Für den Krieger ist die tägliche Praxis wie ein heiliger Raum, den er mit sich selbst und der Welt teilt. Hier tritt er in einen Dialog mit seinem Inneren, lauscht auf die Weisheit seines Herzens und schöpft neue Kraft für seine Reise. Es ist ein Raum der Reflexion, der Selbstbegegnung und der Verbindung mit den Kräften des Universums. Hier begegnet er seinen tiefsten Wünschen, seinen innersten Ängsten und seiner eigenen Größe. Die Praxis ist wie eine Verabredung mit sich selbst, ein Versprechen, das er sich jeden Tag gibt, um aufrichtig und achtsam zu leben.

Meditation ist das Herzstück seiner Praxis. Sie ist das Tor, durch das er in die Tiefen seiner Seele blickt und seine Gedanken und Gefühle erforscht. Wenn er sich hinsetzt und die Augen schließt, legt er alle Masken und Rollen ab und begegnet sich in reiner Stille. In dieser Stille, die zuerst vielleicht ungewohnt und fordernd erscheint, findet er einen Raum der Klarheit und des Friedens. Hier löst er sich von der Hektik und dem Lärm des Alltags, von den Anforderungen und Erwartungen, die an ihn gestellt werden.

Durch die tägliche Meditation lernt der Krieger, die Stimme seines Geistes zu beruhigen und hinter den Sturm seiner Gedanken zu blicken. Er entdeckt, dass er nicht seine Gedanken ist, sondern der Beobachter, der sie wahrnimmt. Diese Erkenntnis gibt ihm eine tiefe Freiheit und hilft ihm, sich selbst in jeder Situation zu bewahren.

Meditation wird für ihn zur Quelle der inneren Stärke, die ihn unabhängig von äußeren Umständen macht. Sie ist der stille Raum, in dem er sich immer wieder neu findet und sich daran erinnert, was wirklich zählt.

Das Gebet ist für den Krieger eine intime Begegnung mit dem Universum, eine tiefe Verbindung zu dem Größeren, welches ihn umgibt und durchdringt. Im Gebet lässt er die Kontrolle los und öffnet sich für die Weisheit und die Führung, die von einer höheren Kraft ausgehen. Es ist ein Moment der Hingabe, in dem er seine Ängste, Sorgen und Wünsche aus der Hand gibt und darauf vertraut, dass es eine Kraft gibt, die ihn lenkt und beschützt.

In diesen Augenblicken spürt der Krieger die unendliche Verbundenheit mit allem, was ist. Er erfährt Demut und Dankbarkeit für das Leben und erkennt, dass er nicht alleine auf seinem Weg ist. Das Gebet ist für ihn eine Quelle des Vertrauens und der Zuversicht, die ihm die Kraft gibt, seinen Weg weiterzugehen, auch wenn er die nächsten Schritte noch nicht klar sieht. Die spirituelle Kontemplation ist für ihn eine Möglichkeit, sich wieder mit seinem tiefsten Inneren und der Weisheit des Universums zu verbinden.

Der Körper ist für den Krieger ein heiliger Tempel, der seine Seele und seinen Geist beherbergt. Mit jeder Bewegung, jedem Atemzug in der Körperarbeit wie Yoga oder Tai Chi, ehrt er diesen Tempel, stärkt ihn und bringt ihn in Einklang. Diese Übungen sind nicht nur physische Aktivität; sie sind eine Meditation in Bewegung, ein Weg, um sich selbst im Hier und Jetzt zu verankern und die Verbindung zwischen Körper, Geist und Seele zu spüren.

Körperarbeit hilft dem Krieger, präsent zu bleiben und sich zu erden. Wenn er seinen Körper bewegt, fühlt er die Kraft und die Lebendigkeit, die in ihm wohnen. Er spürt den Fluss der Energie, die ihn durchströmt und ihm die Kraft gibt, seinen Weg zu gehen.

Diese Praxis erinnert ihn daran, dass er nicht nur ein Geist, sondern auch ein physisches Wesen ist und dass beide Aspekte in Einklang gebracht werden müssen. Die tägliche Pflege seines Körpers ist für den Krieger ein Akt der Selbstliebe und des Respekts vor sich selbst und vor dem Leben, das ihn durchströmt.

Am Ende des Tages nimmt sich der Krieger die Zeit, auf das Erlebte zurückzublicken und aus seinen Erfahrungen zu lernen. Diese tägliche Reflexion ist für ihn ein Moment der Ehrlichkeit und der Selbsterkenntnis, ein Gespräch mit sich selbst, in dem er seine Handlungen, Gedanken und Gefühle betrachtet. Er fragt sich, ob er im Einklang mit seinen Werten und Überzeugungen gehandelt hat, ob er authentisch war und ob er seinen Mitmenschen mit Mitgefühl und Respekt begegnet ist.

Durch diese Reflexion lernt der Krieger, sich selbst immer besser zu verstehen und aus seinen Fehlern zu wachsen. Er erkennt, dass jeder Tag eine Lektion und eine Chance zur Transformation ist, und dass wahre Weisheit aus der Fähigkeit entspringt, aus den eigenen Erfahrungen zu lernen. Diese Praxis der Selbstreflexion fördert sein persönliches Wachstum und hilft ihm, sich immer wieder neu auszurichten.

Dankbarkeit ist ein weiterer zentraler Bestandteil seiner Praxis. Jeden Tag nimmt sich der Krieger einen Moment, um all das zu würdigen, was ihm das Leben geschenkt hat. Er denkt an die Menschen, die ihm nahestehen, an die Schönheit der Natur, an die Herausforderungen, die ihn stärker gemacht haben, und an die vielen kleinen Wunder des Alltags. Diese Dankbarkeit öffnet sein Herz und erinnert ihn daran, wie kostbar jeder Augenblick ist.

Die Dankbarkeit ist für den Krieger ein Weg, um die Fülle des Lebens zu sehen und anzuerkennen. Sie gibt ihm die Kraft, auch in schwierigen Zeiten positiv zu bleiben und die Schönheit im Einfachen zu finden. Indem er sich jeden Tag in Dankbarkeit übt, kultiviert er eine Haltung der Wertschätzung und der Freude, die ihn tief mit dem Leben verbindet.

Für den Krieger ist die tägliche Praxis nicht nur eine Routine, sondern eine Quelle der Erneuerung und Hingabe. Sie ist der Raum, in dem er sich selbst begegnet, seine Energie erneuert und seine innere Weisheit vertieft. Diese Praxis gibt ihm die Kraft, die er braucht, um seinen Weg zu gehen und seine Herausforderungen anzunehmen. Sie ist der stille, unerschütterliche Anker, der ihn durch alle Höhen und Tiefen trägt und ihm hilft, immer wieder in seine Mitte zurückzukehren.

So wird der spirituelle Krieger stark, weise und voller Mitgefühl. Seine tägliche Praxis ist das lebendige Zeugnis seiner Hingabe, seiner Liebe und seines Mutes. Sie ist der Weg, auf dem er sich selbst findet und der Welt dient.

Der Umgang mit Prüfungen, Krisen und Angst

Für den spirituellen Krieger sind Prüfungen und Krisen weitaus mehr als nur Hindernisse oder schwierige Phasen, die es zu überwinden gilt. Sie sind wie große Lehrer, die ihn dazu bringen, tiefer in seine Seele zu blicken, seine wahren Überzeugungen zu hinterfragen und unentdeckte Kräfte in sich zu entdecken.

Der Weg des Kriegers ist niemals gerade oder einfach; er ist vielmehr eine ständige Einladung, das eigene Wesen in all seinen Facetten kennenzulernen und zu transformieren. Durch jede Prüfung, durch jede Krise, erfährt der Krieger ein tieferes Verständnis von sich selbst und seiner Rolle im Universum.

Eine Krise zwingt den Krieger dazu, seine bisherigen Überzeugungen und sein Selbstbild zu hinterfragen. Oft hat er im Alltag nicht die Gelegenheit, so tief in sich hineinzuschauen, aber eine Krise fordert ihn auf, innezuhalten und seine Gedanken und Gefühle ehrlich zu betrachten. Sie ist wie ein Spiegel, der ihm nicht nur seine Stärken, sondern auch seine tiefsten Ängste und Schwächen zeigt. Diese Auseinandersetzung mit sich selbst erfordert Mut, denn der Krieger muss bereit sein, das, was ihm unangenehm ist, zu akzeptieren und sich selbst ohne Beschönigung zu sehen.

Durch diese radikale Ehrlichkeit erkennt er, dass die wahre Stärke nicht in einem unfehlbaren Selbstbild liegt, sondern in der Bereitschaft, die eigenen Wunden und Schwächen anzunehmen. In der Krise zeigt sich, wo er vielleicht noch alte Überzeugungen festhält, die ihn zurückhalten, oder wo er bisher verdrängte Emotionen aufarbeiten muss. Dieser Prozess der Selbsterkenntnis und Akzeptanz ist für ihn eine befreiende Erfahrung, die ihm hilft, sich selbst mehr und mehr zu integrieren.

Angst ist ein intensives Gefühl, das sich in Krisenzeiten oft bemerkbar macht. Der spirituelle Krieger begegnet der Angst jedoch mit Offenheit und Neugier. Für ihn ist die Angst kein Hindernis, das ihn zurückhält, sondern ein Wegweiser, der ihm zeigt, wo es noch Bereiche in seinem Leben gibt, die er bisher nicht vollständig durchdrungen hat. Er erkennt, dass die Angst oft in den tiefsten Schichten seines Wesens verwurzelt ist und ihm wichtige Hinweise darauf gibt, wo er noch an sich arbeiten kann.

Anstatt die Angst zu verdrängen oder vor ihr zurückzuschrecken, erlaubt er sich, sie zu fühlen und zu erforschen. Er stellt sich die Frage: „Was genau macht mir hier Angst? Welche alten Wunden oder Überzeugungen sind damit verbunden?" Durch diese Innenschau kann er die Ursachen der Angst verstehen und sie allmählich auflösen. Diese bewusste Auseinandersetzung mit der Angst gibt ihm die Kraft, sich von den Schatten der Vergangenheit zu befreien und mehr Licht und Klarheit in sein Leben zu bringen.

Der Krieger weiß, dass Heilung und inneres Wachstum Zeit und Geduld brauchen. Er versteht, dass jede Krise ein Teil eines größeren Prozesses ist, der ihn auf eine tiefere Ebene des Bewusstseins führen soll. Manchmal fühlt es sich an, als ob er in einem Tunnel aus Dunkelheit wandert, ohne zu wissen, wann er das Licht wiedersehen wird. Doch in diesen Momenten erinnert er sich daran, dass das Leben einen eigenen Rhythmus hat und dass er diesem Rhythmus vertrauen kann.

Diese Geduld und Hingabe helfen ihm, in schwierigen Zeiten ruhig und zentriert zu bleiben. Anstatt die Krise unbedingt überwinden oder hinter sich lassen zu wollen, erlaubt er sich, vollständig in das Erleben einzutauchen und den Prozess anzunehmen. Er weiß, dass jede Erfahrung – ob positiv oder negativ – ihm wichtige Lektionen bringt und dass die Zeit, die er braucht, um diese Lektionen zu verstehen, ein natürlicher Teil seines Wachstums ist.

In den dunkelsten Momenten einer Krise erinnert sich der Krieger daran, er ist nicht allein. Er weiß, wie wertvoll es ist, sich anderen Menschen zu öffnen und um Hilfe zu bitten. In diesen Momenten der Verletzlichkeit erfährt er, wahre Stärke liegt nicht nur in der Unabhängigkeit, sondern auch in der Fähigkeit, sich mit anderen zu verbinden. Die Gemeinschaft gibt ihm Trost, Perspektive und das Gefühl, getragen zu werden.

Durch die Unterstützung von Freunden, Familie oder spirituellen Weggefährten findet der Krieger nicht nur Trost, sondern auch neue Erkenntnisse. Die Gemeinschaft hilft ihm, die Krise aus verschiedenen Blickwinkeln zu betrachten und vielleicht eine neue Richtung einzuschlagen, die er alleine nicht gesehen hätte.

Er weiß, er ist Teil eines größeren Netzwerks und jeder Mensch, dem er begegnet, ihn auf seine Weise unterstützt und inspiriert. Indem er sich von anderen leiten lässt, lernt er, das Leben ist eine gemeinsame Reise, auf der jeder Schritt, den er geht, auch anderen zugutekommt.

Für den Krieger ist jede Krise ein wertvoller Lehrer, der ihm hilft, neue Aspekte seiner selbst zu entdecken und seine Fähigkeiten zu stärken. Er weiß, er kann nur dann wachsen, wenn er bereit ist, die Komfortzone zu verlassen und sich auf unbekanntes Terrain zu begeben. Die Krise zeigt ihm, wo er noch Widerstände in sich trägt und wo er bereit ist, neue Perspektiven einzunehmen. In diesen Momenten des Wachstums erkennt er, dass das Leben ihn genau zu den Erfahrungen führt, die er für seine Entwicklung braucht.

Durch die Auseinandersetzung mit der Krise entfaltet der Krieger eine tiefere innere Weisheit und eine stärkere Resilienz. Diese Erfahrungen stärken seinen Glauben an sich selbst und an die Kraft des Lebens. Er versteht, die Herausforderungen, die das Leben ihm bringt, sind keine Zufälle, sondern wichtige Meilensteine auf seinem spirituellen Weg. Durch die Krisen entwickelt er eine tiefe Verbindung zu sich selbst und erfährt eine Transformation, die ihn auf eine neue Ebene seines Seins bringt.

Er hat gelernt, dass selbst in den dunkelsten Momenten ein Grund zur Dankbarkeit liegt. Diese Dankbarkeit ist für ihn nicht oberflächlich, sondern eine bewusste Entscheidung, das Leben in all seinen Facetten anzunehmen. Jede Herausforderung, die er meistert, macht ihn stärker und gibt ihm die Möglichkeit, mehr über sich selbst und das Leben zu erfahren. Und die daraus resultierende Dankbarkeit hilft ihm, auch in schwierigen Zeiten die Schönheit des Lebens zu sehen und den Wert jeder Erfahrung zu schätzen.

Indem er die Krise mit Dankbarkeit annimmt, findet der Krieger einen tieferen Sinn in seinen Erfahrungen. Jede Herausforderung ist ein Geschenk, welches ihm erlaubt, sich selbst auf eine neue Weise zu erkennen und zu wachsen. Die Dankbarkeit schenkt ihm die innere Freiheit, die Krise als Teil seines Lebensweges zu akzeptieren und zu schätzen. Für den spirituellen Krieger ist jede Krise also ein Schritt auf dem Weg zur Erleuchtung und zum inneren Frieden.

Die Suche nach dem eigenen Weg

Jeder von uns hat einen eigenen Weg,
eine eigene Mission, die uns erfüllt.
Doch manchmal ist es schwer, ihn zu finden,
denn der Weg ist oft verschleiert und verhüllt.

Auf der Suche nach dem eigenen Weg müssen wir uns öffnen,
unsere Ängste und Zweifel hinter uns lassen.
Wir müssen bereit sein, uns auf das Unbekannte einzulassen,
und uns von der Kraft des Universums leiten zu lassen.

Doch die Suche nach dem eigenen Weg ist keine einfache,
sie erfordert Mut und Ausdauer.
Wir müssen uns unseren Schatten stellen,
und uns mit dem Unbekannten auseinandersetzen.

Aber auf dieser Suche nach dem eigenen Weg finden wir auch Klarheit,
eine Quelle der Erkenntnis und des Verständnisses.
Eine Quelle, die uns zeigt,
wohin wir gehen müssen, um glücklich zu sein.

Öffne Dich und lass die Suche
nach dem eigenen Weg dich tief berühren,
lass sie dich mit ihrer Stärke erfüllen.
Lass sie dich auf deinem Weg begleiten,
und dir die Weisheit geben, die du brauchst.
In ihr finden wir unsere Wahrheit,
und die Freiheit, die wir brauchen, um zu leben.

Lass die Suche nach dem eigenen Weg dich ganz tief berühren,
und lass sie dich zu neuen echten Erlebnissen führen.
Auf dem eigenen Weg steckt die Magie des Lebens,
die Magie, die uns alle verbindet.

Der Weg mit Herz

**"Es lohnt sich nur Wege mit Herz zu gehen
und wenn der Weg kein Herz hat,
so ist es nicht dein Weg."**

Der Weg mit Herz

Für den spirituellen Krieger ist der „Weg mit Herz" der tiefste Ausdruck seiner Existenz, eine Reise, die ihn bis ins Herz des Universums führt und dabei ständig seine innersten Überzeugungen und Werte auf die Probe stellt. Inspiriert von Carlos Castanedas *Reise nach Ixtlan*, erkennt der Krieger, dass dieser Weg nicht bloß eine abstrakte Philosophie ist, sondern eine lebendige und unmittelbare Erfahrung, die ihn in jedem Moment herausfordert, seine innere Wahrheit zu leben und sich gleichzeitig im größeren Kontext des Lebens zu verankern.

In *Reise nach Ixtlan* beschreibt Don Juan, wie wichtig es für den Krieger ist, seinen Weg mit Bedacht zu wählen. „Jeder Weg ist nur ein Weg, und es schadet weder dir noch anderen, wenn du ihn gehst oder verlässt. Wenn du spürst, dass er ein Weg ohne Herz ist, ist es gut, ihn zu verlassen." Diese Worte sind für den Krieger eine Einladung, alle Wege in seinem Leben mit dem Herzen zu prüfen. Der Krieger spürt, dass das Herz der einzige Kompass ist, der ihn durch die Wirren und Unsicherheiten des Lebens führen kann. Es geht nicht darum, den einfachsten oder schnellsten Weg zu wählen, sondern denjenigen, der in ihm das tiefe Gefühl der Liebe und Verbindung weckt.

Der Krieger hat gelernt, dass jede Entscheidung, die er aus dem Herzen trifft, ihn näher zu seinem wahren Selbst bringt. Diese Entscheidungen sind oft nicht die bequemsten oder einfachsten, doch sie geben ihm ein tiefes Gefühl der inneren Richtigkeit und der Verbindung zu etwas Größerem. Das Herz, als Zentrum seiner wahren Natur, leitet ihn durch die Herausforderungen des Lebens und hilft ihm, mit Integrität und Authentizität zu handeln, selbst wenn der Verstand ihn in andere Richtungen ziehen will.

Don Juans Weisheit zeigt dem Krieger, der Weg des Herzens ist ein fortwährender Akt des Mutes. Es erfordert den Mut, gegen Konventionen zu handeln, die Sicherheit des Verstandes loszulassen und sich auf das zu verlassen, was das Herz ihm sagt, auch wenn es ihm unsicher erscheint. Der Krieger weiß, der Weg des Herzens bringt ihn manchmal dazu, Entscheidungen zu treffen, die andere nicht verstehen – vielleicht sogar ablehnen. Er akzeptiert, dass die Freiheit, die der „Weg mit Herz" ihm gibt, eine Verantwortung mit sich bringt, die ihn ständig herausfordert.

Diese Reise ist kein gerader Weg. Sie ist voller Wendungen und Überraschungen, und oft führt sie durch dunkle, unbekannte Gefilde. Doch genau in diesen Momenten findet der Krieger die Gelegenheit, das Vertrauen in sich selbst und in das Leben zu vertiefen. Die Angst, die dabei hochkommt, ist nur ein Begleiter auf diesem Weg, die ihm zeigt, wo es noch Unsicherheiten gibt. Der Krieger lernt, diese Angst als Lehrer zu sehen, der ihm hilft, sich selbst besser zu verstehen und die tief verborgenen Schatten zu integrieren.

Für den Krieger ist das Herz weit mehr als nur ein Organ der Liebe; es ist das Sprachrohr seiner Intuition, die Verbindung zu einer höheren Weisheit, die ihn führt, wenn der Verstand an seine Grenzen stößt. Castaneda zeigt, dass der Krieger durch die Stimme des Herzens in Kontakt mit einer Wahrheit kommt, die jenseits des Alltäglichen liegt. Diese Intuition ist die leise, aber bestimmte Stimme, die ihm den Weg weist, selbst wenn die äußeren Umstände chaotisch oder verwirrend erscheinen.

Die Intuition des Herzens ist nicht immer sofort verständlich. Oft gibt sie einem Hinweise, die erst im Laufe der Zeit Sinn ergeben. Doch der Krieger hat Vertrauen in diese Führung, weil er weiß, dass sie aus einem Ort der bedingungslosen Liebe und Wahrheit kommt. Er lernt, auf die subtilen Signale des Herzens zu hören und ihnen zu folgen, auch wenn der Verstand Zweifel anmeldet. Diese Verbindung zur Intuition erlaubt es ihm, in jeder Situation das Beste zu sehen und sich von den wahren Werten leiten zu lassen.

Der „Weg mit Herz" wird nicht nur in besonderen, spirituellen Momenten gelebt. Er wird in den alltäglichen Handlungen manifestiert – in den kleinen Entscheidungen, in der Art und Weise, wie man mit anderen Menschen spricht, in den stillen

Momenten der Reflexion. Die größte Herausforderung besteht darin, die Weisheit des Herzens in den Alltag zu integrieren, wo der Lärm und die Hektik des Lebens so oft und laut dröhnen und ihn von seinem wahren Weg abbringen.

Diese Integration ist ein fortwährender Prozess, der Achtsamkeit und Disziplin erfordert. Der Krieger beginnt jeden Tag mit der Absicht, den „Weg mit Herz" in all seinen Handlungen zu verkörpern. Er übt sich in Dankbarkeit, Mitgefühl und Offenheit und betrachtet jede Begegnung als Gelegenheit, die Liebe des Herzens zum Ausdruck zu bringen. Diese Praxis hilft ihm, auch in stressigen Momenten geerdet und zentriert zu bleiben. Der „Weg mit Herz" wird so zu einem lebendigen Ausdruck seiner täglichen Entscheidungen und Handlungen, die im Einklang mit seiner tiefsten Wahrheit stehen.

In *Reise nach Ixtlan* beschreibt Don Juan, wie der Krieger im Leben ein Gleichgewicht finden muss zwischen dem Rationalen und dem Mystischen. Der Weg des Herzens vereint diese beiden Aspekte, indem er sowohl die Intelligenz des Verstandes als auch die Weisheit des Herzens respektiert. Der Krieger erkennt, dass beide Teile notwendig sind, um die Welt in ihrer Tiefe zu verstehen und seine Rolle in ihr zu erfüllen. Der Verstand hilft ihm, praktische Lösungen zu finden, doch das Herz zeigt ihm die wahre Richtung. Es ist dieses Gleichgewicht, das ihm die Klarheit und die Kraft gibt, auch in schwierigen Zeiten seinem Weg treu zu bleiben.

Die Lehren von Don Juan erinnern daran, dass das Herz der Schlüssel zur wahren Freiheit ist. Diese Freiheit liegt nicht darin, alle äußeren Herausforderungen zu kontrollieren, sondern darin, innerlich unerschütterlich zu sein. Der Krieger lernt, das Herz führt ihn zu einem Ort, an dem er sich sicher und geborgen fühlt, unabhängig von den äußeren Umständen. In dieser inneren Freiheit findet er die tiefste Form des Friedens und der Zufriedenheit.

Für den Krieger ist die Liebe, die aus dem Herzen strömt, das verbindende Element, das alles im Universum durchdringt. Diese Liebe ist wie ein „Herzgesang", eine

Melodie, die in ihm erklingt und ihn daran erinnert, er ist ein Teil eines größeren Ganzen. In *Reise nach Ixtlan* beschreibt Don Juan, wie der Krieger lernt, diesen Herzgesang in sich selbst zu hören und mit ihm in Resonanz zu gehen. Dieser Herzgesang ist für den Krieger eine Erinnerung daran, dass das Leben nicht nur aus Herausforderungen und Prüfungen besteht, sondern auch aus Momenten der Freude, der Dankbarkeit und des Staunens.

Dieser Herzgesang wird zu einem inneren Leitfaden, der ihm hilft, die Schönheit und den Wert jeder Erfahrung zu schätzen. Er weiß, jeder Schritt auf dem „Weg mit Herz" führt ihn näher zu diesem inneren Frieden, zu einer tieferen Verbindung mit sich selbst und dem Universum. Der Herzgesang ist der Ausdruck seiner tiefsten Wahrheit und seiner innersten Freude, die ihn auch in den dunkelsten Zeiten trägt.

Am Ende seiner Reise erkennt der Krieger, dass der „Weg mit Herz" nicht nur sein persönlicher Pfad ist. Er ist ein universeller Ruf, eine Einladung an alle, die bereit sind, den Mut aufzubringen, sich ihrem Herzen zu öffnen und die Stimme ihrer Seele zu hören. Die Lehren von Castaneda und Don Juan erinnern uns daran, dass dieser Weg für jeden zugänglich ist, der die Bereitschaft hat, seine eigene Wahrheit zu finden und sie in die Welt zu bringen. Sein Leben und sein Handeln sind ein lebendiges Beispiel dafür, was möglich ist, wenn man den Mut hat, dem Herzen zu folgen.

Der „Weg mit Herz" ist die Verkörperung der höchsten Form der Liebe und des Mitgefühls. Er ist ein Weg, der nicht nur den Krieger selbst verwandelt, sondern auch die Welt um ihn herum. Indem er diesen Weg geht, inspiriert er andere, ihrem eigenen Herzen zu folgen und das Licht, welches sie in sich tragen, mit der Welt zu teilen. Der „Weg mit Herz" ist letztlich der Pfad, der zur wahren Erfüllung und zum tiefsten Frieden führt – eine Reise, die niemals endet, sondern sich stetig entfaltet und immer weiter in die unendliche Tiefe der Liebe und des Seins hineinführt.

Der Weg mit Herz

Ein Weg mit Herz, das ist es, was zählt,
nicht nur gehen, sondern fühlen, was uns erhellt.
Nicht nur dem Verstand folgen, sondern auch dem Bauch,
unsere Intuition spüren, unserer inneren Stimme lauschen.

Der Weg mit Herz, das ist der Weg,
der uns erfüllt, uns Glück und Freude gibt, ein Leben ohne Krieg und
Zwang.
Es ist der Weg, der uns zu uns selbst führt,
unsere Seele berührt und uns tiefe Freude beschert.

Doch der Weg mit Herz ist nicht immer leicht,
oft müssen wir kämpfen, uns durchsetzen und auch streiten.
Doch wenn wir auf unser Herz hören, haben wir die Kraft,
uns durchzusetzen und den Weg zu gehen, der uns Freude schafft.

Es ist der Weg, der uns zu uns selbst führt,
unsere Seele berührt und uns tiefe Freude beschert.
Der Weg mit Herz, das ist es, was zählt,
leben und fühlen, was uns erhellt.

Also lass uns den Weg mit Herz gehen,
unsere Träume leben, unser Leben genießen und immer weiter vorwärts
sehen.
Denn der Weg mit Herz, der führt uns zur Erfüllung,
zur Liebe, zur Freude und zu uns selbst..

Abschluss

"Der spirituelle Krieger erkennt, dass wahre Stärke aus der Sanftheit des Herzens kommt. Die wahre Kraft liegt im Mitgefühl und in der Fähigkeit, selbst im Angesicht von Leid und Widerstand Liebe zu bewahren."

Der Kreis schließt sich

Der Kreis schließt sich – und du stehst an einem einzigartigen Punkt deines Lebens, einem Moment des Innehaltens und der Reflexion. Der Weg des spirituellen Kriegers, auf den du dich begeben hast, ist kein gerader Pfad, sondern ein lebendiges, dynamisches Erleben des Seins. Vielleicht bist du mit einem bestimmten Ziel losgezogen, einem vagen Traum von Erfüllung oder Erkenntnis, aber nun, wenn du zurückblickst, erkennst du, dass die Reise selbst dein wahrer Begleiter war und ist.

Dieser Weg, der immer tiefer in dein eigenes Herz, deine Gedanken und in das pulsierende Universum führt, hat sich in dir verankert. Es ist ein Kreis, der sich schließt, nur um dich auf eine neue Ebene zu führen, wo alles Gewonnene zu einer weiteren Schicht deines wahren Wesens wird.

Auf diesem Pfad hast du gelernt, dass es kein festes Ziel gibt, sondern unzählige Anfänge, unzählige Momente, die dich formen, wachsen und heilen lassen. Vielleicht hast du Höhen und Tiefen erlebt, Augenblicke der Erkenntnis und des Zweifels, aber nun weißt du: Der „Weg mit Herz" ist mehr als eine Philosophie oder ein Ideal. Es ist eine lebendige, gelebte Wahrheit, die dich einlädt, in jedem Moment authentisch zu sein, deine Ängste zu konfrontieren und in der Liebe zu leben.

Auf dieser Reise bist du nicht nur in die Welt hinausgegangen – du bist in dich selbst eingetaucht. In den Momenten der Stille, der Meditation und der Reflexion hast du gelernt, dass wahre Weisheit nicht in Büchern oder Theorien zu finden ist, sondern im Zusammenspiel von Wissen und persönlicher Erfahrung. Jedes Hindernis, jeder Mensch, jede Begegnung war ein Lehrer.

Sie haben dir Facetten deines Selbst gezeigt, die du vielleicht lieber ignoriert hättest, die aber Teil deiner Ganzheit sind. Und so hast du erfahren, dass das Leben selbst der größte Lehrer ist. Es lehrt dich Demut, wenn du glaubst, alles zu wissen; es schenkt dir Zuversicht, wenn du zweifelst. In dieser Balance zwischen dem

Lernen und dem Verstehen wächst du über dich hinaus.

Der Kreis, den du gegangen bist, ist kein geschlossener, statischer Ring – er ist ein sich ständig bewegendes Muster, das dich in jeder Phase deines Lebens weiterführt. Er symbolisiert nicht ein Ende, sondern die unaufhörliche Erneuerung und Transformation, die dir ermöglicht, jeden Moment als neuen Anfang zu erleben. In dieser zyklischen Bewegung des Lebens erkennst du, es gibt nie einen endgültigen Punkt des Ankommens, sondern dass jeder Augenblick dich tiefer in die Wahrheit deines Seins führt.

Diese ständige Erneuerung zeigt sich in jedem Atemzug, jedem Gedanken und jedem Gefühl. Dein Leben ist ein lebendiger Ausdruck dieses Kreises, in dem du immer wieder neu beginnen darfst. Vielleicht fühlst du, dass jede deiner Handlungen, jeder deiner Gedanken ein Teil eines größeren Bildes ist, das sich über Raum und Zeit erstreckt. Der „Weg mit Herz" ist die Kraft, die diesen Kreis lebendig hält – die Kraft, die dich dazu bringt, immer wieder zurückzukehren und neu zu beginnen, mit offenem Geist und offenem Herzen.

Als spiritueller Krieger hast du gelernt, dass die wahre Essenz dieses Weges in der Hingabe an das Leben selbst liegt. Das Leben ist für dich nicht mehr bloß eine Abfolge von Erfahrungen oder Herausforderungen – es ist ein heiliges Geschenk, das du in all seinen Facetten annimmst.

Deine Hingabe bedeutet, dich dem Fluss des Lebens hinzugeben, die Höhen und Tiefen zu akzeptieren und in jedem Moment deine innere Wahrheit zu leben. Du erkennst, dass jede Phase deines Lebens dich tiefer in diese Essenz hineinführt, die keine endgültige Definition kennt und doch so klar in jedem Augenblick fühlbar ist.

Diese Hingabe zeigt sich darin, wie du dich deinem Herzen öffnest und die Liebe in all ihren Formen willkommen heißt. Liebe ist für dich kein sentimentales Ideal mehr; sie ist die Kraft, die dich durch die dunkelsten Momente trägt und dich mit der Welt verbindet. Indem du dem „Weg mit Herz" folgst, wirst du zum Ausdruck dieser Liebe, die nichts zurückhält, sondern sich selbst immer weiter entfaltet.

Dein Weg führt dich immer wieder zurück zum Dienst am Großen Ganzen. Du verstehst jetzt, dass dein persönlicher Wachstumspfad und deine innere Transformation eng mit der Heilung der Welt verbunden sind. Jeder kleine Akt des Mitgefühls, jede Geste der Hilfsbereitschaft, jeder Moment des Verständnisses schickt Wellen durch das Netz des Lebens. Du spürst die Verantwortung, die in jedem deiner Schritte liegt – eine Verantwortung, die nicht schwer auf dir lastet, sondern dich mit einem tiefen Sinn erfüllt.

Im Dienst am Ganzen erfährst du die Verbundenheit aller Lebewesen. Du bist ein Teil von etwas, das weit über dein individuelles Leben hinausgeht. Jeder Schritt, den du in Liebe und Mitgefühl gehst, trägt zur Harmonie des Ganzen bei. Du wirst zu einem Kanal für die heilenden Energien des Universums, und mit jedem Dienst, den du leistest, wächst auch du, wirst erneuert und kommst deiner eigenen Bestimmung ein Stück näher.

Durch deine Reise als spiritueller Krieger erkennst du, die Trennung zwischen dir und anderen ist eine Illusion. Jeder Mensch, jedes Lebewesen, jedes Element der Natur ist ein Teil des großen Netzes des Lebens, und du bist in dieses Netz eingebettet. Es gibt keinen „anderen", sondern nur unterschiedliche Aspekte des einen Lebens.

Dieses Bewusstsein der Einheit führt dich zu einer tiefen Demut und Dankbarkeit und lässt dich das Leben in einem neuen Licht sehen. Du spürst, dass die Welt durch dich spricht, dass das Universum sich durch deine Existenz ausdrückt und dass du gleichzeitig ein winziger Teil und der ganze Kosmos bist.

Abschließende Gedanken, dein Platz im Kreis des Lebens

Nun stehst du am Ende deiner Reise – aber nur, um einen neuen Anfang zu finden. Der Kreis des Lebens, in den du eingebettet bist, endet nie; er ist eine ewige Spirale, die dich immer wieder zu neuen Erkenntnissen, neuen Erfahrungen und neuen Möglichkeiten führt. Dein Weg als spiritueller Krieger wird immer weitergehen, wird sich immer wieder erneuern und vertiefen, und mit jedem Atemzug hast du die Möglichkeit, deine Liebe und Wahrheit in die Welt zu bringen.

Dieses Buch ist ein Begleiter auf dieser Reise, ein Wegweiser, der dich daran erinnern soll, dass du niemals allein bist, dass das Universum dich trägt und dass du in jedem Moment auf die Weisheit deines Herzens vertrauen kannst.

Ich hoffe, dieser Abschluss wird für dich ein Anfang sein, eine Einladung, noch tiefer zu gehen, noch offener zu sein und den „Weg mit Herz" mit jedem Schritt zu leben. In diesem Kreis des Lebens findest du die Essenz deines Seins – und du begreifst, dass diese Essenz in jedem Atemzug und jedem Moment gegenwärtig ist, bereit, von dir entdeckt zu werden.

Die Demut im Leben

Demut ist eine Tugend,
die uns lehrt zu erkennen,
dass wir nur ein Teil des Ganzen sind,
und dass es noch so viel zu lernen gibt.

Sie zeigt uns, dass wir nicht alles wissen,
und dass wir uns immer weiterentwickeln können.
Dass wir uns nicht über andere erheben sollen,
sondern auf Augenhöhe miteinander leben.

Demut lehrt uns auch Dankbarkeit,
für das, was wir haben und was uns geschenkt wird.
Die Dankbarkeit gibt uns genau diese Demut und Bescheidenheit,
und lässt uns sehen, was wirklich zählt im Leben.

Sie erinnert uns daran, dass wir nicht unfehlbar sind,
und dass es wichtig ist, um Vergebung zu bitten.
Denn nur so können wir uns weiterentwickeln,
und uns zu besseren Menschen machen.

Demut ist eine Stärke,
die uns hilft, unsere Schwächen zu erkennen.
Sie gibt uns die Kraft, uns zu verbessern,
und lässt uns voller Liebe und Mitgefühl leben.

Kriegerweisheiten und Erkenntnisse

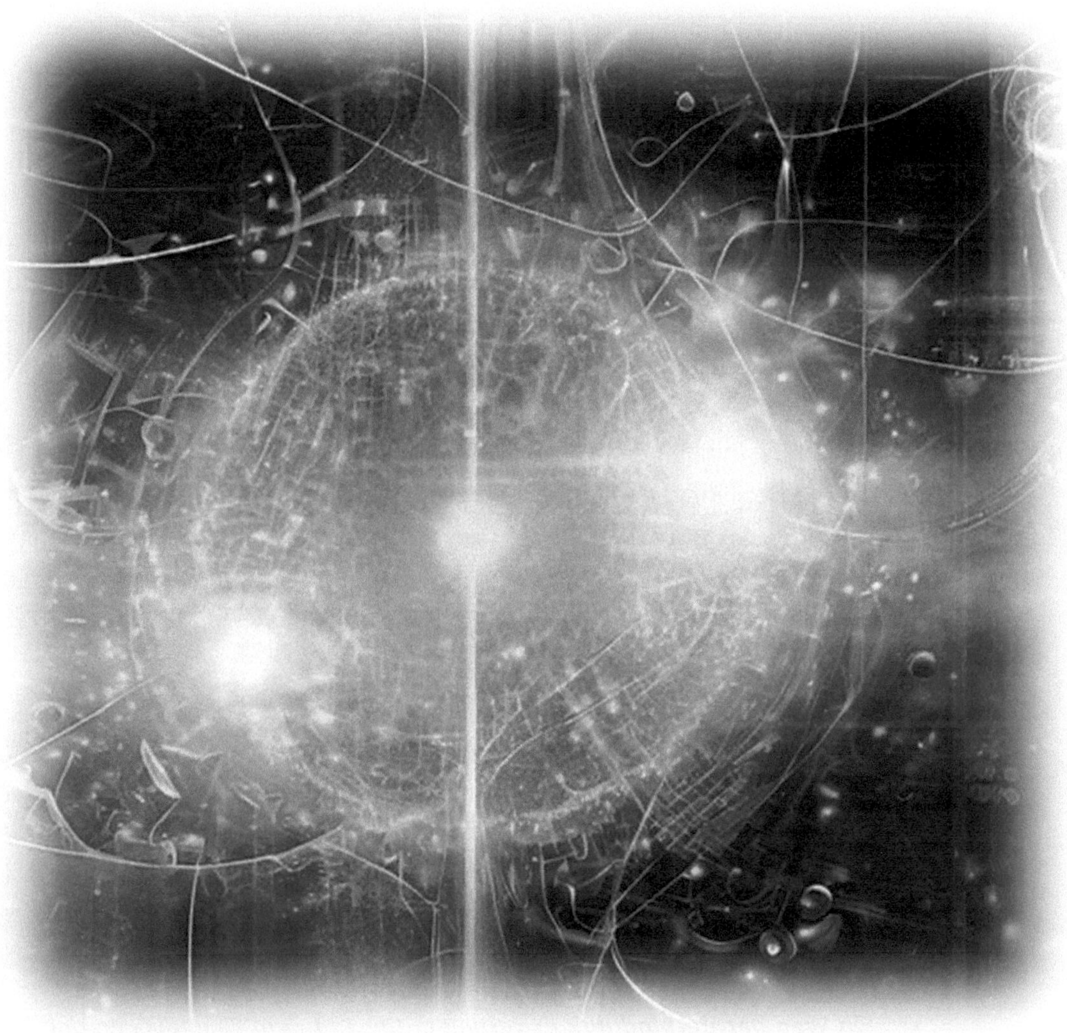

„Erkenntnis ist die Waffe des Kriegers, die das Licht der Wahrheit in die Dunkelheit bringt und den Weg zur inneren Freiheit ebnet."

Weisheiten für eine Reise zu sich selbst

Kriegerweisheiten sind mehr als nur Worte, sie sind Echo einer jahrtausendealten Suche nach Sinn und Erfüllung. Diese Sprüche und Zitate, geprägt von jenen, die den inneren Kampf als größten Sieg erkannten, sind keine Aufrufe zur Gewalt, sondern Einladungen zu einer inneren Revolution.

Sie entspringen den Tiefen verschiedener Kulturen und Traditionen, vereint durch einen gemeinsamen Nenner: die Erkenntnis, dass das Leben eine unaufhörliche Schule der Selbstentfaltung ist. Der Krieger, in diesem Kontext, ist kein Soldat, sondern ein Suchender, der sich den Herausforderungen des Daseins stellt, um seine wahre Natur zu enthüllen.

Diese Weisheiten sind keine oberflächlichen Ratschläge, sondern tiefgründige Einsichten, die aus dem Ringen mit dem eigenen Schatten geboren wurden. Sie lehren uns, wie wir unsere Ängste überwinden, unsere Schwächen als Stärken nutzen und unser Schicksal aktiv gestalten können. Sie sind ein Kompass, der uns durch die Irrgärten der Existenz führt.

Ein Kriegerweg ist:

- **Ein Weg der Selbstentdeckung:** *Er führt uns zu den verborgenen Tiefen unserer Seele, wo wir unsere wahren Werte und Ziele entdecken.*

- **Ein Weg der Transformation:** *Er ermöglicht es uns, unsere Wahrnehmung zu schärfen und unsere Realität neu zu erschaffen.*

- **Ein Weg der Verbindung:** *Er verbindet uns mit dem Unendlichen und lässt uns die Einheit allen Seins erfahren.*

- **Ein Weg der Meisterschaft:** *Er hilft uns, unsere Fähigkeiten zu entwickeln und unser volles Potenzial zu entfalten.*

Die Kriegerweisheiten inspirieren uns dazu:

- **Mutig zu sein:** *Unsere Ängste zu überwinden und das Unbekannte zu erkunden.*

- **Verantwortlich zu sein:** *Unser Leben selbst in die Hand zu nehmen und unsere Entscheidungen zu treffen.*

- **Mitfühlend zu sein:** *Andere zu verstehen und zu unterstützen, ohne unsere eigenen Bedürfnisse zu vernachlässigen.*

- **Weise zu sein:** *Aus unseren Erfahrungen zu lernen und unser Wissen mit anderen zu teilen.*

Indem wir die Kriegerweisheiten in unser Leben integrieren, können wir ein tieferes Verständnis für uns selbst und die Welt um uns herum entwickeln. Wir können lernen, mit den Herausforderungen des Lebens umzugehen und unsere Träume zu verwirklichen.

**Schlussendlich ist der Weg des Kriegers
eine Reise zu sich selbst.**

**Es ist ein Weg,
der uns zu größerer Freiheit,
Erfüllung und Glück führt.**

Ein paar Weisheiten
aus dem Scheitern heraus

"Der wahre Krieger kämpft nicht gegen den Feind, sondern gegen die Dunkelheit innerhalb seines eigenen Herzens. Nur durch die Befreiung von innerem Schmerz kann er den Frieden in der Welt fördern."**

"Ein spiritueller Krieger ist nicht der, der die meisten Schlachten schlägt, sondern der, der die tiefsten inneren Wunden heilt. Sein Sieg ist nicht in äußeren Errungenschaften, sondern in der Überwindung seiner eigenen Ängste und Unvollkommenheiten zu finden."**

"Der Weg des Kriegers ist nicht der der Zerstörung, sondern der des Wiederaufbaus. Durch das Durchschreiten der Dunkelheit lernt der Krieger, wie man Licht in die Welt bringt, und sein Mut liegt in der Bereitschaft, immer wieder aufzustehen, wenn er gefallen ist."**

"Der spirituelle Krieger erkennt, dass wahre Stärke aus der Sanftheit des Herzens kommt. Die wahre Kraft liegt im Mitgefühl und in der Fähigkeit, selbst im Angesicht von Leid und Widerstand Liebe zu bewahren."**

"Ein Krieger der Weisheit kämpft nicht für persönliche Ehre oder Macht, sondern für das Wohl aller. Seine größte Waffe ist das Verständnis und seine größte Rüstung ist die Demut."**

"Der Weg des spirituellen Kriegers ist von ständiger Selbstreflexion geprägt. Der Krieger betrachtet jede Erfahrung als Spiegel seiner eigenen Seele und sucht in jedem Moment die Wahrheit seiner inneren Natur."**

"Der Krieger versteht, dass der wahre Feind nicht im Außen, sondern im eigenen Inneren zu finden ist. Die Schlacht, die er führt, ist eine Reise zur Selbstverwirklichung und zur Überwindung der Schatten, die ihn binden."**

"Echte Weisheit kommt aus der Akzeptanz der eigenen Verletzlichkeit. Der Krieger erkennt, dass sein Herz, trotz seiner Narben und Wunden, die Quelle seiner größten Stärke und seiner tiefsten Einsichten ist."**
"Der spirituelle Krieger lebt im Einklang mit der Natur und dem Universum. Er weiß, dass seine eigene Reise untrennbar mit den Zyklen der Erde und den Bewegungen der Sterne verbunden ist, und er handelt immer im Bewusstsein dieser tiefen Verbindung."**

"Der wahre Test des Kriegers liegt nicht in den Schlachten, die er gewinnt, sondern in der Fähigkeit, in Zeiten der Ruhe und des Friedens authentisch zu bleiben. Sein Mut wird in der Stille und im Stillstand geprüft, wo er seine innere Wahrheit ohne äußeren Lärm finden muss."**

Er ist nicht der …
Der spirituelle Krieger ist nicht der, der kämpft, sondern der, der liebt.
Er ist nicht der, der sich fürchtet, sondern der, der vertraut.
Er ist nicht der, der sich abgrenzt, sondern der, der sich öffnet.
Er ist nicht der, der sich verliert, sondern der, der sich findet.
Er ist nicht der, der gewinnt, sondern der, der lernt.
Er ist nicht der, der herrscht, sondern der, der dient.
Er ist nicht der, der sich rächt, sondern der, der vergibt.
Er ist nicht der, der sich aufgibt, sondern der, der sich verwandelt.

Die Erkenntnis der Quelle des Seins

Die Quelle des Seins ist nicht etwas, das man finden oder erreichen kann. Sie ist immer schon da, in jedem Moment, in jedem Atemzug, in jedem Herzschlag. Sie ist das, was uns lebendig macht, was uns verbindet, was uns liebt. Sie ist nicht von uns getrennt, sondern wir sind ein Ausdruck von ihr. Um sie zu erkennen, müssen wir nur still werden und lauschen. Dann werden wir ihre Stimme hören, die uns sagt: Du bist die Quelle des Seins.

Den Wald erkennen

Der Wald ist mehr als nur ein Ort voller Bäume Er birgt in sich ein Schatz von Wissen und Geheimnisse. Wer seine Augen öffnet und sein Herz lauscht, der kann aus der Natur viel lernen und verstehen. Der Wald ist ein Lehrer, ein Freund und ein Heiler. Er schenkt uns Schönheit, Ruhe und Harmonie. Wer den Wald respektiert und schützt. Der wird auch von ihm belohnt und gesegnet

Durchs Leben

Der Krieger ist nicht der, der kämpft, sondern der, der sich selbst besiegt. Er kennt seine Stärken und Schwächen, seine Ängste und Hoffnungen, seine Ziele und Grenzen. Er ist bereit, sich zu ändern, zu lernen, zu wachsen. Er folgt seinem Herzen, aber vernachlässigt nicht seinen Verstand. Er respektiert das Leben, aber fürchtet nicht den Tod. Er sucht den Frieden, aber scheut nicht den Konflikt. Er ist ein Diener des Lichts, aber kein Feind der Dunkelheit. Er ist ein Krieger des Weges.

Unverzagt

Der Krieger ist nicht der, der gewinnt, sondern der, der nicht aufgibt. Er weiß, dass der Weg voller Hindernisse, Prüfungen und Fehler ist. Er lässt sich nicht entmutigen, verzweifeln oder verbittern. Er lernt aus seinen Erfahrungen, akzeptiert seine Verantwortung, vergibt sich selbst. Er steht immer wieder auf, macht weiter, verbessert sich. Er vertraut auf seine Fähigkeiten, seine Intuition, sein Schicksal. Er genießt den Prozess, nicht nur das Ergebnis. Er ist ein Krieger des Weges.

Das Leben

Der Krieger ist der, der sein Leben als eine Schule betrachtet, in der er ständig lernen und wachsen kann. Er ist offen für neue Erfahrungen, bereit für Veränderungen, flexibel in seinen Ansichten. Er erkennt, dass jede Situation eine Lektion enthält, die ihm hilft, sich selbst und die Welt besser zu verstehen. Er ist nicht an seinen Erwartungen, Urteilen oder Glaubenssätzen gebunden, sondern sucht nach der Wahrheit hinter den Erscheinungen. Er ist nicht von seinen Emotionen, Gedanken oder Wünschen beherrscht, sondern beobachtet sie mit Gelassenheit und Klarheit. Er ist nicht von seinem Ego, seiner Rolle oder seinem Image abhängig, sondern kennt seinen wahren Wert und seine Bestimmung. Er ist ein Krieger mitten im Leben.

"Das Leben ist wie eine Treppe, jede Stufe ist eine neue Herausforderung, die uns näher an unser wahres Ziel bringt. Manchmal oder besser sehr oft braucht man mehrere Anläufe, um eine neue Stufe zu erklimmen. Und wenn man es geschafft hat, bekommt man als Belohnung die Möglichkeit die Welt aus einer neuen Perspektive zu sehen.

Wichtig ist es nur, offen für diese neue Perspektive zu sein und auch nicht an dem Anblick der nächsten Stufe zu verzweifeln. Sondern sich auf die kommende Herausforderung zu freuen.

Oder anders gesagt,
„Das Leben ist nicht ein Problem, das gelöst werden muss,
sondern eine Realität, die erlebt werden will."
Denn die Suche ist eine Quelle der Transformation,
eine Quelle der Erneuerung und des Wachstums

Allgemeine kurze Kriegerweisheiten
aus den verschiedensten Kulturen

"Der Krieger kennt keine Angst, sondern nur Respekt vor dem Gegner."

"Der Krieger lebt im Hier und Jetzt, um in der Zukunft bestehen zu können."

"Nur wer sich selbst kennt, kann den Gegner besiegen."

"Der Krieger verfolgt seine Ziele beharrlich und mit Disziplin."

"Der Krieger kämpft nicht nur mit seinen körperlichen Fähigkeiten, sondern auch mit seinem Verstand."

"Der Krieger ist bereit, Opfer zu bringen, um seine Mission zu erfüllen."

"Ein wahrer Krieger zeigt Mitgefühl und Respekt für alle Lebewesen."

"Der Krieger lernt aus seinen Fehlern und entwickelt sich ständig weiter."

"Der Krieger weiß, dass seine Kraft und Ausdauer begrenzt sind und achtet deshalb auf seine Gesundheit."

"Der Krieger weiß, dass der Weg zum Erfolg nicht immer einfach ist, aber er bleibt standhaft und gibt niemals auf."

"Ein wahrer Krieger handelt aus Vernunft und Weisheit, nicht aus impulsiven Emotionen."

"Der Krieger weiß, dass der beste Weg, um ein Problem zu lösen, darin besteht, es gar nicht erst entstehen zu lassen."

"Der Krieger kämpft nicht nur für sich selbst, sondern auch für seine Gemeinschaft und seine Werte."

"Der Krieger weiß, dass die größte Niederlage darin besteht, aufzugeben, bevor man überhaupt angefangen hat."

"Ein wahrer Krieger achtet auf seine Umgebung und nutzt sie zu seinem Vorteil."

"Der Krieger weiß, dass er nicht allein ist und umgeben von Menschen, die ihm helfen können."

"Der Krieger weiß, dass seine Stärke nicht nur von seinen körperlichen Fähigkeiten abhängt, sondern auch von seiner geistigen und emotionalen Verfassung."

"Ein wahrer Krieger weiß, wann er kämpfen muss und wann es besser ist, einen Konflikt zu vermeiden."

"Der Krieger weiß, dass ein Sieg ohne Ehre und Respekt vor dem Gegner wertlos ist."

"Der Krieger weiß, dass Erfolg nicht nur durch harte Arbeit erreicht wird, sondern auch durch eine positive Einstellung und innere Ruhe."

"Ein wahrer Krieger ist bescheiden und zeigt keine Arroganz gegenüber anderen."

"Der Krieger weiß, dass seine Fähigkeiten und sein Wissen unvollständig sind und strebt deshalb immer nach Verbesserung."

"Ein wahrer Krieger erkennt die Stärken und Schwächen seines Gegners und nutzt sie zu seinem Vorteil."

"Der Krieger weiß, dass der Einsatz von Gewalt nur als letztes Mittel gerechtfertigt ist."

"Ein wahrer Krieger zeigt Mut, auch in schwierigen Situationen."

"Der Krieger weiß, dass seine Handlungen Konsequenzen haben und überlegt deshalb genau, bevor er agiert."

"Ein wahrer Krieger ist nicht nur physisch, sondern auch emotional und geistig stark."

"Der Krieger weiß, dass er nicht perfekt ist und dass Fehler zu seiner persönlichen Entwicklung beitragen."

"Ein wahrer Krieger zeigt Verantwortungsbewusstsein und übernimmt die Konsequenzen für seine Handlungen."

"Der Krieger weiß, dass Erfolg nicht nur von seinen eigenen Fähigkeiten abhängt, sondern auch von der Unterstützung seines Teams."

"Ein wahrer Krieger behält in schwierigen Situationen einen klaren Kopf und trifft rationale Entscheidungen."
"Der Krieger weiß, dass er nicht alles alleine schaffen kann und baut deshalb ein starkes Netzwerk auf."

"Ein wahrer Krieger zeigt Respekt vor seinen Mitmenschen und deren Überzeugungen."

"Der Krieger weiß, dass er nicht unbesiegbar ist und bereitet sich deshalb gewissenhaft auf jede Herausforderung vor."

"Ein wahrer Krieger gibt niemals auf, auch wenn der Weg steinig und schwer ist."

"Der Krieger weiß, dass er aus Fehlern lernen kann und sie als Chance zur Verbesserung ansieht."

"Ein wahrer Krieger handelt aus Überzeugung und nicht aus egoistischen Motiven."

"Der Krieger weiß, dass Konflikte oft durch Kommunikation und Verständnis gelöst werden können."

"Ein wahrer Krieger zeigt Mitgefühl und ist bereit, anderen zu helfen."

"Der Krieger weiß, dass er seine eigenen Grenzen überschreiten kann, wenn er seinen Geist und Körper trainiert und sich auf das Wesentliche konzentriert."

"Ein wahrer Krieger kennt seine Werte und lebt danach, auch wenn es unbequem ist."

"Der Krieger weiß, dass seine Taten Auswirkungen auf die Welt haben und setzt sich deshalb für das Wohl aller ein."

"Ein wahrer Krieger hat eine klare Vision und arbeitet hart daran, sie zu verwirklichen."

"Der Krieger weiß, dass er seine eigenen Ängste überwinden muss, um erfolgreich zu sein."

"Ein wahrer Krieger respektiert die Natur und lebt im Einklang mit ihr."
"Der Krieger weiß, dass er nur durch Ausdauer und Beharrlichkeit seine Ziele erreichen kann."

"Ein wahrer Krieger akzeptiert seine Schwächen und arbeitet daran, sie zu überwinden."

"Der Krieger weiß, dass er immer weiter lernen und sich weiterentwickeln muss, um erfolgreich zu sein."

"Ein wahrer Krieger zeigt Loyalität gegenüber seinen Mitstreitern und steht für sie ein."

"Der Krieger weiß, dass er nur durch Disziplin und harte Arbeit seine Fähigkeiten verbessern kann."

"Ein wahrer Krieger gibt niemals auf, auch wenn er am Boden liegt, denn er weiß, dass jeder Rückschlag eine Chance zur Stärkung ist."

"Der Krieger weiß, dass er nur durch die Überwindung von Hindernissen und Schwierigkeiten wachsen kann."

"Ein wahrer Krieger achtet darauf, dass seine Handlungen im Einklang mit seinem Gewissen stehen."

"Der Krieger weiß, dass er nur durch Selbstreflexion und -verbesserung seine Fähigkeiten und sein Wissen erweitern kann."

"Ein wahrer Krieger handelt mit Integrität und hält sich an seine Versprechen."

"Der Krieger weiß, dass er nur durch Zusammenarbeit und Teamwork große Ziele erreichen kann."

"Ein wahrer Krieger achtet darauf, seine Kräfte zu schonen und seine Energien gezielt einzusetzen."

"Der Krieger weiß, dass er nur durch eine gute Vorbereitung und Planung erfolgreich sein kann."

"Ein wahrer Krieger ist bereit, Verantwortung zu übernehmen und für seine Handlungen einzustehen."

"Der Krieger weiß, dass er nur durch eine klare Zielsetzung und Entschlossenheit seine Träume verwirklichen kann."

"Der Krieger kennt keine Angst, sondern nur Respekt vor dem Gegner."

"Der Krieger lebt im Hier und Jetzt, um in der Zukunft bestehen zu können."

"Der Krieger verfolgt seine Ziele beharrlich und mit Disziplin."

"Der Krieger kämpft nicht nur mit seinen körperlichen Fähigkeiten, sondern auch mit seinem Verstand."

"Der Krieger ist bereit, Opfer zu bringen, um seine Mission zu erfüllen."

"Ein wahrer Krieger zeigt Mitgefühl und Respekt für alle Lebewesen."

"Der Krieger lernt aus seinen Fehlern und entwickelt sich ständig weiter."

"Der Krieger weiß, dass seine Kraft und Ausdauer begrenzt sind und achtet deshalb auf seine Gesundheit."

"Der Krieger weiß, dass der Weg zum Erfolg nicht immer einfach ist, aber er bleibt standhaft und gibt niemals auf."

"Ein wahrer Krieger handelt aus Vernunft und Weisheit, nicht aus impulsiven Emotionen."

"Der Krieger weiß, dass der beste Weg, um ein Problem zu lösen, darin besteht, es gar nicht erst entstehen zu lassen."

"Der Krieger kämpft nicht nur für sich selbst, sondern auch für seine Gemeinschaft und seine Werte."

"Der Krieger weiß, dass die größte Niederlage darin besteht, aufzugeben, bevor man überhaupt angefangen hat."

"Ein wahrer Krieger achtet auf seine Umgebung und nutzt sie zu seinem Vorteil."

"Der Krieger weiß, dass er nicht allein ist und umgeben von Menschen, die ihm helfen können."

"Der Krieger weiß, dass seine Stärke nicht nur von seinen körperlichen Fähigkeiten abhängt, sondern auch von seiner geistigen und emotionalen Verfassung."

"Ein wahrer Krieger weiß, wann er kämpfen muss und wann es besser ist, einen Konflikt zu vermeiden."

"Der Krieger weiß, dass ein Sieg ohne Ehre und Respekt vor dem Gegner wertlos ist."

"Der Krieger weiß, dass Erfolg nicht nur durch harte Arbeit erreicht wird, sondern auch durch eine positive Einstellung und innere Ruhe."

"Ein wahrer Krieger ist bescheiden und zeigt keine Arroganz gegenüber anderen."

"Der Krieger weiß, dass seine Fähigkeiten und sein Wissen unvollständig sind und strebt deshalb immer nach Verbesserung."

"Ein wahrer Krieger erkennt die Stärken und Schwächen seines Gegners und nutzt sie zu seinem Vorteil."

"Der Krieger weiß, dass der Einsatz von Gewalt nur als letztes Mittel gerechtfertigt ist."
"Ein wahrer Krieger zeigt Mut, auch in schwierigen Situationen."

"Der Krieger weiß, dass seine Handlungen Konsequenzen haben und überlegt deshalb genau, bevor er agiert."

"Ein wahrer Krieger ist nicht nur physisch, sondern auch emotional und geistig stark."

"Der Krieger weiß, dass er nicht perfekt ist und dass Fehler zu seiner persönlichen Entwicklung beitragen."

"Ein wahrer Krieger zeigt Verantwortungsbewusstsein und übernimmt die Konsequenzen für seine Handlungen."

"Der Krieger weiß, dass Erfolg nicht nur von seinen eigenen Fähigkeiten abhängt, sondern auch von der Unterstützung seines Teams."

"Ein wahrer Krieger behält in schwierigen Situationen einen klaren Kopf und trifft rationale Entscheidungen."

"Der Krieger weiß, dass er nicht alles alleine schaffen kann und baut deshalb ein starkes Netzwerk auf."

"Ein wahrer Krieger zeigt Respekt vor seinen Mitmenschen und deren Überzeugungen."

"Der Krieger weiß, dass er nicht unbesiegbar ist und bereitet sich deshalb gewissenhaft auf jede Herausforderung vor."

"Ein wahrer Krieger gibt niemals auf, auch wenn der Weg steinig und schwer ist."

"Der Krieger weiß, dass er aus Fehlern lernen kann und sie als Chance zur Verbesserung ansieht."

"Ein wahrer Krieger handelt aus Überzeugung und nicht aus egoistischen Motiven."

"Der Krieger weiß, dass Konflikte oft durch Kommunikation und Verständnis gelöst werden können."
"Ein wahrer Krieger zeigt Mitgefühl und ist bereit, anderen zu helfen."

"Der Krieger weiß, dass er seine eigenen Grenzen überschreiten kann, wenn er seinen Geist und Körper trainiert und sich auf das Wesentliche konzentriert."

"Ein wahrer Krieger kennt seine Werte und lebt danach, auch wenn es unbequem ist."
"Der Krieger weiß, dass seine Taten Auswirkungen auf die Welt haben und setzt sich deshalb für das Wohl aller ein."

"Ein wahrer Krieger hat eine klare Vision und arbeitet hart daran, sie zu verwirklichen."

"Der Krieger weiß, dass er seine eigenen Ängste überwinden muss, um erfolgreich zu sein."

"Ein wahrer Krieger respektiert die Natur und lebt im Einklang mit ihr."

"Der Krieger weiß, dass er nur durch Ausdauer und Beharrlichkeit seine Ziele erreichen kann."

"Ein wahrer Krieger akzeptiert seine Schwächen und arbeitet daran, sie zu überwinden."

"Der Krieger weiß, dass er immer weiter lernen und sich weiterentwickeln muss, um erfolgreich zu sein."

"Ein wahrer Krieger zeigt Loyalität gegenüber seinen Mitstreitern und steht für sie ein."

"Der Krieger weiß, dass er nur durch Disziplin und harte Arbeit seine Fähigkeiten verbessern kann."

"Ein wahrer Krieger gibt niemals auf, auch wenn er am Boden liegt, denn er weiß, dass jeder Rückschlag eine Chance zur Stärkung ist."

"Der Krieger weiß, dass er nur durch die Überwindung von Hindernissen und Schwierigkeiten wachsen kann."

"Ein wahrer Krieger achtet darauf, dass seine Handlungen im Einklang mit seinem Gewissen stehen."

"Der Krieger weiß, dass er nur durch Selbstreflexion und -verbesserung seine Fähigkeiten und sein Wissen erweitern kann."

"Ein wahrer Krieger handelt mit Integrität und hält sich an seine Versprechen."

Empfehlungen und Quellen

Hier findest du Empfehlungen für weiterführende Literatur und Ressourcen, die dir helfen können, dein Wissen und Verständnis zu vertiefen und neue Perspektiven zu entdecken. Sie waren und sind für mich eine der Quellen und Inspirationen dieses Buch zu schreiben.

Der Weg des friedvollen Kriegers von Dan Millman

Ein halb-autobiografischer Roman, der die transformative Reise des Autors beschreibt und dabei tiefgehende spirituelle Einsichten vermittelt.

Die Rückkehr des friedvollen Kriegers von Dan Millman

Geheimnisvollen Andeutungen seines Lehrers Socrates folgend, findet Dan Millman auf einer abgelegenen Insel Hawaiis eine Kahuna-Heilerin. In der Einsamkeit des Regenwaldes führt sie ihn in die Geheimnisse der Schamanen ein.

Der Krieger des Lichts von Paulo Coelho

Eine Sammlung von Gedanken und Philosophien, die den Leser anleiten, wie ein spiritueller Krieger zu leben.

Die vier Versprechen von Don Miguel Ruiz

Obwohl es nicht nur explizit über den spirituelle Krieger handelt, bietet dieses Buch praktische Weisheiten und Abkommen, die auf dem Weg des spirituellen Kriegers hilfreich sein können.

Shambhala und der Pfad des inneren Kriegers von Chögyam Trungpa

Ein tiefgründiges Buch, das die Philosophie des Kriegers im Buddhismus untersucht und aufzeigt, wie man im täglichen Leben mutig und mitfühlend sein kann.

Die Prophezeiungen von Celestine von James Redfield

Ein spiritueller Abenteuerroman, der tiefe Einsichten in die spirituelle Reise und die Rolle des Kriegers im Kontext globaler Transformation bietet.

Shaolin Spirit: Meistere dein Leben von Shi Heng Yi

Shi Heng Yi eröffnet mit diesem Buch Einsichten in einer bisher unveröffentlichten Form der Shaolin-Tradition – anwendbare Praktiken für das alltägliche Leben, untermauert mit Sichtweisen, um Bekanntes neu zu erkennen.

Die Lehren des Don Juan: Ein Yaqui Weg des Wissens von Carlos Castaneda

Dieses Buch ist das erste von Castaneda und beschreibt seine Lehrzeit bei Don Juan Matus, einem Yaqui-Indianer-Schamanen. Es bietet tiefgehende Einblicke in schamanische Praktiken und die Philosophie des spirituellen Kriegers.

Die Reise nach Ixtlan: Die Lehre des Don Juan

In diesem Buch vertieft Castaneda die Lehren von Don Juan, wobei der Schwerpunkt auf dem „Stopp der Welt" und der persönlichen Transformation liegt.

Die Kunst des Träumens von Carlos Castaneda

Wieder verblüfft der Erzähler atemberaubender Erkundungsfahrten in die unerforschten Weiten der Wirklichkeit seine Leser mit verblüffenden Einsichten und Wissensschätzen. Diesmal begibt er sich mit Hilfe von Träumen und ihren Zauberkräften auf Entdeckungsreise in dieWelten des Geistes, die wie Schalen einer Zwiebel unsere eigene kleine Realität umgeben und nur durch ständiges Lernen und Üben erreichbar sind.

Eine andere Wirklichkeit: Neue Gespräche mit Don Juan von Carlos Castaneda

Eine andere Wirklichkeit ist der Bericht von der zweiten Begegnung des Anthropologen Carlos Castaneda mit dem indianischen Medizinmann und Zauberer Juan Matus während der Jahre 1968-1970. Trotz seines Entschlusses, seine Lehrzeit bei Don Juan abzubrechen, weil dessen Lehren allmählich seine gewohnte "Vorstellung von der Welt" zu erschüttern drohten, kehrte Castaneda 1968 zu Don Juan zurück.

Das Wirken der Unendlichkeit von Carlos Castaneda

Dies ist eine Sammlung der denkwürdigen Ereignisse in Carlos Castanedas Leben, die sich ganz auf die Begegnung mit seinem schamanistischen Lehrer Don Juan Matus und die dreizehn Jahre Lehrzeit bei ihm konzentriert.

Die Kraft der Stille: Neue Lehren des Don Juan von Carlos Castaneda

Mit diesem Buch ist Don Juan, der große Zauberer und Weisheitslehrer, zu seinen Jüngern zurückgekehrt, um souverän wie immer in der Kunst der Führung und Verführung seine Leser mit Visionen und Wundern in seinen Bann zu schlagen.

Die Kunst des Pirschens von Carlos Castaneda

In diesem wohl erstaunlichsten und zugleich persönlichsten Buch Castanedas wird der Leser gleichsam in das Zentrum der Zauberlehren Don Juans entführt.

Der Krieger und der Heilige von Samuel Widmer-Nicolet

Widmer beleuchtet die Dualität des Kriegers und des Heiligen in uns und zeigt Wege auf, wie man diese beiden Aspekte in Harmonie bringen kann.

Vom Weg mit Herz: Die Essenz aus der Lehre des Don Juan von Samuel Widmer-Nicolet

Wenn man hinter Carlos Castaneda schauen möchte und sich nicht von den "magische Erlebnisse" verführen lassen will, hinter der fantastische Fassade der literarische Genialität der ganze Werke von Carlos Castaneda blicken möchte, ist dieses Buch einen der beste Nachschlagwerke den ich je über die "Lehre von Don Juan " gelesen habe!

Die Kriegertexte / Die Kriegerschule von Samuel Widmer Nicolet

In 24 kurzen Kriegertexten fast Samuel Widmer die Essenz der Lehre von Don Juan Matus zusammen. Die vom Autor gemachten Erfahrungen auf dem langen Weg des Kriegers fließen als Einsichten in die Aussagen von Don Juan ein und vermischen sich mit diesen zu einer unteilbaren Einheit.

Aus der Stille von Samuel Widmer Nicolet

In seiner Arbeit hat Samuel Widmer für die Teilnehmer an seinen Seminaren eine Reihe von Methoden, Wegen oder Verhaltensregeln herausgearbeitet, welche jede für sich, wenn man ihnen konsequent folgt, sehr schnell zu tiefen, wesentlichen Ergebnissen bezüglich innerer und äußerer Harmonie führen.

Perlen auf dem Weg von Samuel Widmer Nicolet

In diesem Büchlein geht es um Abkürzungswege zur Erleuchtung, also um Verhaltensregeln, die sehr schnell Ordnung, Glück und Harmonie in unser Leben bringen können, wenn wir ihnen konsequent zu folgen verstehen.

Leben wie ein Krieger „Die verborgene Botschaft in den Lehren des Yaqui-Zauberers von Ulla Wittmann

Dieses Buch bietet eine tiefgehende Analyse und Interpretation der Botschaften, die Don Juan durch seine Lehren vermittelt. Das Buch zielt darauf ab, den Leser zu inspirieren, ein Leben wie ein Krieger zu führen, indem er die Weisheiten und Praktiken von Don Juan anwendet[12].

Diese Bücher bieten eine Vielzahl von Perspektiven und Weisheiten, die den Weg des spirituellen Kriegers beleuchten und inspirieren können.

Danksagung

Tief in meinem Herzen trage ich eine tiefe Dankbarkeit für all jene, die mich auf meinem Lebens- und spirituellen Weg begleitet haben – jede Begegnung, jedes Wort, jede Geste, sei sie freundlich oder fordernd, war Teil meines Wachstums.

Meiner Frau, einer wahren Kriegerin in stürmischen Zeiten, danke ich für ihre unerschütterliche Liebe und Geduld mit mir. Sie ist der Boden unter meinen Füßen und der Halt, aus dem ich immer wieder neue Energie schöpfe. Mit einem solchen Herzensmenschen an der Seite wird der Weg lebendiger und voller Licht – ohne sie wäre er doppelt so schwer, extrem doof und vielleicht sogar undenkbar.

Meinen Eltern, die meine Wurzeln bilden, danke ich für die Liebe und Werte, die sie mir geschenkt haben. Sie haben mir vorgelebt, was es bedeutet, ein Mensch mit Herz und Integrität zu sein, und legten damit den Keim für den Krieger, der in mir wachsen sollte.

Den schamanischen Lehrern, den Hütern des Wissens, gilt mein tiefer Dank für die Türen, die sie mir zu anderen Welten geöffnet haben. Ihre Weisheit ist mein Leuchtturm in dunklen Zeiten und ihr Wissen eine Brücke, die mich mit dem Mysterium des Lebens verbindet.

Auch den Menschen, die mir Steine in den Weg gelegt, Herausforderungen geschaffen oder Zweifel in mir geweckt haben, möchte ich danken. Ihr wart meine härtesten Lehrmeister und habt mir oft, ohne es zu wissen, die wertvollsten Lektionen erteilt. Durch euch habe ich gelernt, zu wachsen, stark zu bleiben und über mich selbst hinauszuwachsen.

Und all den weiteren wahnsinnig tollen WeggefährtInnen, die mich ein Stück begleitet haben, danke ich von Herzen. Eure Begegnungen waren wie die kleinen Mosaiksteine, die mein Leben bereichern und ein Bild voller Leben, Farben und Tiefe formen.

Euch allen, ihr habt diesen Weg geformt und bereichert. Danke, dass ihr Teil meiner Reise seid.

Alles Gute für
deinen
Weg mit Herz